INVERSIÓN EN EL CRECIMIENTO DE DIVIDENDOS

Una guía paso a paso para construir una cartera de dividendos para la jubilación anticipada

Por Joey Thompson

Índice

INTRODUCCIÓN

Cualquier persona que quiera invertir algo de dinero en efectivo en ganancias estables debe haber oído hablar de la inversión de dividendos y de las oportunidades que ofrece. Todos queremos seguir los pasos de personas como Bill Gates y Warren Buffet y ganar un ingreso fijo mensual estable. Tal vez no tanto, ¡pero sería genial tener solo una fracción de su Retorno sobre la Inversión (ROI)!

Pero aquí está la verdad - esos ingresos pasivos no vinieron de decisiones pasivas. Hay una razón por la que la mayoría de los inversionistas son ávidos lectores - aprenden antes de aplicar. Y usted necesita hacer lo mismo. Para obtener rendimientos estables, necesita conocer los detalles de la inversión en dividendos.

No importa en qué etapa profesional se encuentre, siempre es importante tener una idea sobre varias opciones de inversión antes de arriesgar su dinero. Muchos inversionistas no comienzan su investigación sobre inversiones hasta que están a punto de llegar a la jubilación. La jubilación, sin embargo, es el momento ideal para aprovechar los beneficios de esas inversiones, pero no es el momento ideal para hacerlas. ¿Significa que no puede generar un ingreso estable después de la jubilación? ¡Claro que no! Simplemente significa que cuanto antes comience, mayores serán sus ganancias a largo plazo.

La inversión en dividendos es más que un simple pasatiempo y suele considerarse una corriente de ingresos pasivos que requiere poco o ningún esfuerzo. Claro, eso también ocurrirá, pero antes de que pueda llegar a ese punto, debe conocer los detalles de las inversiones en dividendos. Necesita saber exactamente en qué compañías invertir y cuándo. Necesita ser capaz de leer las tablas y entender la influencia de las condiciones económicas y políticas de un país que influyen en los tipos de mercado. No quiere decir que tenga que dejar su trabajo y pasar todo el tiempo leyendo libros y mirando periódicos. Pero solo un informe bien elaborado, como este libro, puede ayudarlo a tomar decisiones de inversión más inteligentes y rentables con dividendos.

El propósito de elaborar un libro digital para el crecimiento de la inversión en dividendos era servir como guía para los inversionistas nuevos y existentes que tienen un interés particular en recibir ingresos regulares. Comenzaré con una breve explicación del término "dividendo", ampliando sus tipos, los términos y procedimientos importantes que conlleva y, finalmente, ofreceré una orientación para construir una cartera de dividendos efectiva.

CAPÍTULO 1

¿CÓMO FUNCIONA LA INVERSIÓN DE DIVIDENDOS?

¿Qué es un Dividendo?

Un dividendo es un porcentaje sobre las acciones que una compañía paga a sus accionistas de sus ganancias corporativas. Todo negocio exitoso requiere de un flujo de efectivo consistente para prosperar. Cuando los inversionistas compran acciones de una compañía, reciben dividendos o retornos de la inversión. Los inversionistas, también conocidos como accionistas, invierten con la esperanza de generar retornos consistentes en el futuro.

Historia de la inversión de dividendos

El surgimiento de la política de dividendos se remonta al siglo XIII cuando el banco francés *Société des Moulins du Bazacle* ofreció dividendos a sus accionistas. Continuando con el siglo XVII, la Compañía

Holandesa de las Indias Orientales (VOC) se convirtió en la primera entidad pública en ofrecer un pago regular de dividendos. Durante casi dos décadas, VOC continuó pagando aproximadamente el 18% del valor de sus acciones a los accionistas. Aunque las opciones de pago de dividendos seguían siendo bajas hasta el siglo XVIII, más compañías introdujeron las políticas relativas a la industrialización y el crecimiento empresarial.

Tipos de Dividendos

La mayoría de las compañías tienen un Consejo de Administración, así como acciones y partes interesadas externas e internas. Estas acciones y partes interesadas están de una forma u otra directamente influenciadas por los resultados económicos de la compañía. Estas acciones y accionistas tienen una pequeña parte de la compañía, en forma de acciones. Y, por lo tanto, también reciben una parte de los beneficios; un método para recibir esos beneficios se conoce como dividendos.

La distribución de dividendos puede ocurrir en una de muchas formas. Las siguientes son las cinco formas diferentes en que se distribuyen los dividendos entre los accionistas.

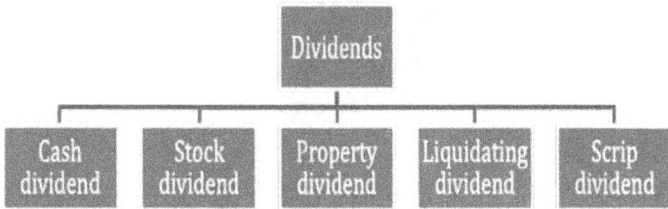

Dividendo en efectivo

Un dividendo en efectivo es cuando la compañía decide devolver un pequeño porcentaje de sus ganancias a sus accionistas en efectivo. Al hacer un dividendo en efectivo, el precio de las acciones de la compañía se desploma. La caída del precio es a menudo igual al monto del dividendo.

Ejemplo

Por ejemplo, una compañía ofrece un dividendo en efectivo equivalente al 6% del precio de sus acciones. Cuando el inversionista o el accionista cobra este beneficio, el precio de las acciones también cae un 6%. Esta caída es causada por la transferencia de valor económico.

Dividendo de acciones

Esta es una estrategia adecuada para los inversionistas que buscan invertir a largo plazo. Con esta estrategia, la compañía reinvierte los dividendos obtenidos en la compra de más acciones para los accionistas. Por lo general, las compañías optan por esto cuando tienen poco flujo de efectivo o les gustaría conservar las ganancias para una mayor inversión.

Dividendo de la propiedad

Los dividendos de propiedad se pagan en forma de activos, a diferencia de las otras dos opciones que se pagan en forma de efectivo o acciones. Las distribuciones de dividendos de propiedad se registran al valor justo de mercado de la "propiedad" o los activos que se distribuyen. Los valores justos de mercado no son los mismos que el valor contable del activo y, debido a esta ligera diferencia, la compañía tiene la libertad de registrar esa pequeña variación como pérdida o ganancia, a fin de alterar sus ingresos declarados y tributables.

Ejemplo

La compañía XYZ decide emitir 500 impresiones especiales idénticas firmadas por Pablo Picasso, que la compañía ha guardado en su bóveda por algunos años. Los grabados fueron adquiridos por la compañía por 500.000 dólares y a la fecha de la declaración de dividendos, tienen un valor de mercado de 4,000.000 dólares. XYZ registra la siguiente entrada a la fecha de declaración para registrar el cambio en el valor de los activos junto con la obligación de pagar los dividendos.

	Débito	Crédito
Inversiones a largo plazo-obra de arte	3,500,000	
Ganar en la apreciación de las obras de arte		3,500,000
Ganancias retenidas	4,000,000	
Dividendos que pagar		4,000,000

En la fecha de pago del dividendo, XYZ registra la siguiente entrada para registrar la transacción de pago

	Débito	Crédito
Dividendos que pagar	4,000,000	
Inversiones a largo plazo-obra de arte		4,000,000

Dividendo diferido

Es posible que una compañía no disponga de los recursos o fondos suficientes para emitir dividendos en un futuro próximo. Por lo tanto, emite un dividendo escriturado, que es básicamente un pagaré (puede o no incluir intereses) para pagar a los accionistas en una fecha posterior. Este dividendo crea un documento por pagar.

Ejemplo

XYZ International declara un dividendo de 250.000 dólares a sus accionistas al 10% de interés. En la fecha de la declaración del dividendo, registra la siguiente entrada:

	Débito	Crédito
Ganancias retenidas	250,000	
Pagarés pendientes de pago		250,000

Dado que la fecha de pago es un año después, XYZ ha acumulado un gasto por intereses de $ 25,000 en pagarés por pagar.. En la fecha de pago (suponiendo que no hay una acumulación previa o anterior de gastos de interés), XYZ registra la siguiente entrada:

	Débito	Crédito
Pagarés pendientes de pago	250,000	
Gastos de intereses	25,000	
Dinero en efectivo		275,000

Dividendo de liquidación

Esto sucede cuando la compañía decide devolver el capital invertido a sus accionistas. Esto sucede a menudo cuando la compañía está a punto de cerrar y por lo tanto quiere devolver las inversiones. Los cálculos y el proceso de liquidación de los dividendos son similares a los de los dividendos en efectivo, con la única diferencia de que se considera que los fondos provienen de la cuenta de capital adicional pagado.

¿Cuándo se distribuyen las acciones de dividendos?

Es importante llevar un registro de las fechas de los dividendos porque son una fuente de ingresos regulares. Para comprender el proceso y la distribución de los dividendos, es importante que el inversionista conozca las fechas importantes, incluidas la fecha de declaración, la fecha de registro, la fecha del sin dividendo y la fecha de pago.

En la siguiente sección se mencionan y explican varios términos importantes relacionados con la obtención de dividendos. Para entender el proceso, es necesario entender estas importantes terminologías.

Fecha de la declaración

Cada compañía selecciona una fecha para el pago de dividendos, que se conoce como la fecha de declaración. Detalles como el registro y la fecha de pago, el tamaño del dividendo y otros detalles relevantes se proporcionan en la declaración de declaración y se divulgan junto con el pago. La fecha de declaración también se conoce como fecha de anuncio.

Ejemplo

La compañía XYZ declaró un dividendo de 0,258 dólares por cada tamaño de dividendo el 15 de junio de 2019, y por lo tanto se registra como la fecha de declaración. Esto es diferente de la fecha de pago y registro que se explicará en la siguiente sección. La decisión de la fecha de declaración es tomada por el consejo de administración y se difunde a todos los accionistas pertinentes.

Fecha de registro

También conocida como la fecha límite o fecha de cierre del libro, la fecha de registro es el día específico en que la compañía decide pagar los dividendos a sus accionistas. La gente suele confundirla con la fecha del sin dividendo y la forma más fácil de recordar la diferencia es entendiendo que la fecha del sin dividendo es fijada por la bolsa de valores y la fecha de registro es fijada por la compañía y la primera ocurre antes de la fecha de registro.

Los accionistas de una compañía no son constantes. Los nuevos accionistas siguen sumando, así como los que se retiran y por lo tanto es importante averiguar la lista de accionistas en una fecha específica. Esto también ayuda a eliminar a los accionistas que han optado por no participar para que los fondos se distribuyan adecuadamente.

La fecha de registro también es importante porque tiene una relación especial con la fecha del sin dividendo. Por consiguiente, es importante comprender que la fecha de registro puede diferir ligeramente entre diversas bolsas de valores, como la Bolsa de Nueva York y la Bolsa de Londres. Para estar en los libros de registro, es importante comprar las acciones al menos 2 días hábiles antes de su fecha de registro. Esto se debe a que cuando el inversionista compra acciones en la bolsa, tarda un tiempo en actualizar los datos del inversionista en los libros de la compañía. Normalmente el período de liquidación se basa en la fórmula de T+2, lo que significa que el comercio de acciones tarda dos días hábiles en liquidarse.

Para que John reciba el dividendo de la compañía XYZ en la fecha de registro, es importante que compre las acciones al menos dos días hábiles antes de la fecha de registro o de la fecha del sin dividendo que se produce un día antes de la fecha de registro.

La fecha del sin dividendo

Una de las fechas más importantes a considerar es la fecha del sin dividendo. Se refiere exactamente a un día antes de la fecha de registro del dividendo y al primer día en que la negociación de las acciones tiene lugar sin dividendo. Esta fecha es fijada por la bolsa de valores donde se realiza la negociación y la compañía no tiene ningún papel en la fijación de la fecha del sin dividendo.

Su cálculo se basa en el sistema de liquidación T + 2 que prevalece en América del Norte y que tarda 2 días hábiles en liquidar las operaciones de bolsa una vez completada la transacción. En caso de que el inversionista compre las acciones un día hábil antes de la fecha de registro, la liquidación de las operaciones de acciones se realizará un día hábil después de la fecha de registro. Por lo tanto, el inversionista no recibirá el dividendo de ese mes en particular. Sin embargo, hay excepciones a esta regla. Por ejemplo, si el valor del dividendo es superior al 25% o más, el pago puede tardar más tiempo en tramitarse, pero eso casi nunca ocurre.

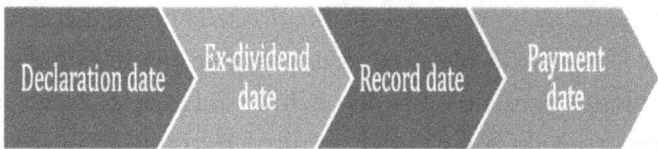

Rendimiento to por dividendo

No todas las compañías tienen una política de dividendos. Por lo tanto, el pago anual es el porcentaje de rendimiento que la compañía paga en relación con el precio de las acciones. El rendimiento de los dividendos se toma como un indicador clave positivo del crecimiento de una compañía porque solo las compañías exitosas comparten sus ganancias. Una fórmula sencilla para calcular la rentabilidad por dividendo es dividir el dividendo anual por acción con el precio actual de la acción. La cantidad resultante se presenta como un porcentaje.

Rendimiento de los dividendos= (Dividendo anual/Precio de las acciones) * 100

Ejemplo

La compañía XYZ pagó un dividendo anual de 5.89 dólares y su cotización actual es de 25 dólares. Aplicando la fórmula relevante, el rendimiento de los dividendos de la compañía sería:

Rendimiento de los dividendos = (1.44 dólares anuales / 53 dólares * 100 = 2.7 por ciento)

Cabe señalar que el rendimiento de los dividendos de las acciones no es constante debido a las fluctuaciones del mercado. Además, se paga solo cuando la compañía decide hacerlo.

Fecha de pago

Como su nombre indica, la fecha de pago es la fecha en que los accionistas reciben el dividendo. Hay varias

11

formas en que los accionistas reciben los pagos de dividendos, entre ellas la transferencia electrónica a la cuenta del accionista o un cheque que se envía directamente al inversionista. Las compañías de todo el mundo tienen diferentes calendarios de pago. Las compañías estadounidenses pagan cuatro veces al año, mientras que otras compañías internacionales pagan una o dos veces al año.

Plan de Reinversión de Dividendos (DRIP)

Este término se refiere a la reinversión de los dividendos en acciones adicionales y se hace automáticamente. Es útil en situaciones en las que los accionistas reciben un pequeño número de dividendos. Para el inversionista que considera vender las acciones con DRIP, es importante considerar las fechas del sin dividendo porque la imposibilidad de hacerlo generará acciones residuales que el vendedor puede no estar esperando.

Por ejemplo, John compra 50 acciones de la compañía XYZ a un precio de 23 dólares, lo que produce un dividendo de 0.47 dólares por acción trimestral. Si las acciones no tienen una política DRIP, la cantidad será insuficiente para comprar acciones en el caso del plan DRIP; la cantidad del dividendo será entonces reinvertida para comprar más acciones.

El DRIP tiene algunas ventajas, como que la totalidad de los ingresos generados por el dividendo pueden ser reinvertidos, y no hay que pagar ninguna comisión. El accionista debe obtener la información completa de DRIP del corredor de bolsa para que pueda recibir la ventaja sin ninguna demora.

Dividendo acelerado

El importe del dividendo pagado antes de cualquier cambio en la política de dividendos se conoce como dividendo acelerado. Por ejemplo, si se produce un cambio en la tasa impositiva de los dividendos, la compañía liberará el pago antes para que los cambios no afecten negativamente a los accionistas.

Ejemplo

Por ejemplo, el Tesoro del Reino Unido introdujo una nueva política fiscal sobre los dividendos el 6 de abril de 2016. La política implicaba que el primer pago de £ 5000 como ingreso de dividendos no sería gravado. Sin embargo, si esta cantidad excedía, el accionista debía pagar el 7.5% de los impuestos. Del mismo modo, el contribuyente debía pagar el 32.5% y el 38.1% lo pagaría el contribuyente de la tasa adicional. El impuesto de tasa marginal para los accionistas incrementó a aproximadamente el 6% bajo esta política. En caso de que la compañía considerara pagar el dividendo acelerado antes del 6 de abril, los accionistas se ahorrarían el pago de una fracción de los impuestos responsables.

Dividendo especial

También conocido como el dividendo adicional, el dividendo especial es la cantidad que una compañía paga a sus accionistas aparte de los ingresos regulares distribuidos según la política de dividendos. Este pago no es recurrente y se paga una sola vez. La cantidad pagada según la política de dividendos especiales es mayor que el ingreso por dividendos regulares. El accionista lo recibe en caso de que la compañía obtenga mayores beneficios de los que esperaba inicialmente, o haya habido otras circunstancias específicas, como un pago especial, que resulten en un mayor rendimiento para los inversionistas.

Cuando una compañía tiene un exceso de efectivo disponible en su balance general, y no planea reinvertir ese efectivo en el negocio, la compañía puede distribuir el monto entre sus accionistas como un dividendo especial. Por ejemplo, Microsoft pagó un dividendo especial de 3 dólares por acción en 2004. Fue una oferta única con un valor total del pago de 32,000 millones de dólares.

La compañía también puede utilizar un dividendo especial para reforzar aún más el vínculo de confianza y lealtad con sus clientes. Estas ofertas complementarias ayudan a ganar la confianza y la lealtad de los accionistas. El propósito final de invertir en las acciones es que tengan una fuente de ingresos regulares. Por lo tanto, el efectivo adicional siempre es bienvenido por el accionista. Piense en ello como un bono, pero con la excepción de que no hay trabajo adicional involucrado.

Si la compañía planea alterar su estructura financiera, puede liberar un dividendo especial reduciendo los activos y el capital de la compañía. A medida que se paga el dividendo especial, la compañía modifica con éxito el porcentaje de capital y el porcentaje de la deuda.

Las compañías cíclicas suelen adoptar la política de dividendos híbridos, en la que se paga un dividendo especial junto con el dividendo ordinario, ya que las compañías se ven considerablemente afectadas por la cambiante situación económica.

El dividendo especial se paga solo si la compañía ha obtenido mejores beneficios y es más seguro adoptar esta política que modificar la tasa de dividendos porque, en caso de desaceleración económica o recesión, la compañía puede tener que disminuir el porcentaje de dividendo y a menudo no se arregla bien con los accionistas.

Fecha de la transacción

Es una fecha en la que se compra el stock pagando la cantidad completa. Las fechas comerciales juegan un papel importante en la forma en que se recaudan los impuestos. Los impuestos generalmente se calculan en función de las fechas de negociación.

Fecha del acuerdo

Es la fecha que se decide entre el comprador y el vendedor para la venta y la compra. Por lo general, las existencias tardan tres días hábiles en liquidarse después de que se haya llevado a cabo la operación, y el vendedor y el comprador tienen que compartir las existencias y hacer un pago, respectivamente, dentro de esos tres días hábiles.

¿Por qué las compañías aumentan los dividendos?

Cuando las compañías tienen un excedente de beneficios, pueden distribuir o invertir esos beneficios de múltiples maneras, siendo los dividendos una de esas opciones. La decisión, sin embargo, viene del consejo de administración, y se exploran las opciones, teniendo en cuenta varios factores. En la siguiente sección se enumeran varias opciones que la compañía debe considerar.

Si el valor de las acciones de la compañía es bueno, la compañía puede recomprarlas a los inversionistas. Esto reduce el porcentaje de acciones que flotan en el público, pero hacerlo puede ser arriesgado si la compañía no logra obtener los beneficios previstos a largo plazo.

Las compañías pueden considerar la posibilidad de pagar su deuda mediante el uso de los beneficios a través del comercio de acciones. Esto puede ayudar en la reducción de los pagos de intereses para la compañía.

Las compañías también pueden considerar compartir las ganancias con los inversionistas en términos de dividendos. Esta decisión, sin embargo, depende del tipo de gestión. Si desea compartir sus ganancias, puede hacerlo en términos de pago de dividendos. La compañía puede reinvertir sus ganancias para desarrollar más y mejorar el crecimiento de la compañía.

Este aumento de los dividendos beneficia tanto a la compañía como a los accionistas. La compañía es capaz de retener a sus accionistas mientras que el inversionista es capaz de hacer un crecimiento estable y consistente en sus beneficios. Al final de la inversión, el monto inicial de la inversión sigue siendo el mismo, mientras que los rendimientos aumentan gradualmente.

Hay dos maneras de que un inversionista gane dinero con las inversiones en acciones. El primer método es cuando los precios de las acciones suben inmediatamente. Digamos que un inversionista compra 100 acciones al precio de 35 dólares por cada acción; digamos que el precio aumenta a 60 dólares por acción en solo 24 meses. Esto significa que ha habido una ganancia de capital no realizada. Si el inversionista vende las acciones al final de esos dos años, es probable que se dé cuenta de nuevo.

La otra forma es obtener beneficios a través de los dividendos, y por lo tanto es probable que el inversionista se convierta en propietario de una pequeña parte de las ganancias corporativas de la compañía. Los dividendos son decididos por la junta directiva y se pagan más trimestralmente.

Un ejemplo

Consideremos la conocida compañía Microsoft que no adoptó una política de pago de dividendos hasta que su negocio cobró impulso. El proceso tomó varias décadas para desarrollarse, y actualmente, ofrece uno de los dividendos de mayor pago entre otras compañías tecnológicas. Las acciones también han experimentado un crecimiento sin precedentes durante el período de tiempo, y los inversionistas han establecido la confianza en el rendimiento de la compañía.

Los dividendos son las ganancias corporativas de una compañía que se distribuyen a los accionistas. Las compañías, sin embargo, no están obligadas a hacer lo mismo. Compañías como Google y Facebook no tienen una política de pago de dividendos, mientras que las compañías relativamente más jóvenes prefieren reinvertir sus ganancias. Las compañías más establecidas tienden a tener políticas de dividendos.

Factores que influyen en el pago de dividendos para las compañías

Hay compañías bien establecidas que no prefieren compartir sus ganancias corporativas con los accionistas porque encuentran mucho más valor en la reinversión para el crecimiento del negocio. Además, puede haber una preferencia por evitar el alto costo asociado con la emisión de nuevas acciones y más bien reinvertir las ganancias.

Aumento de los beneficios

Cuando una compañía tiene un superávit de beneficios, puede considerar la posibilidad de invertir en nuevas oportunidades de crecimiento, hacer adquisiciones, recomprar sus propias acciones o pagar la deuda. Por otro lado, las compañías que tienen menos ganancias, o de mediana escala, pueden no ofrecer acciones. Existe la posibilidad de que las compañías que obtienen grandes ganancias quieran compartir sus beneficios con los inversionistas.

Por ejemplo, la fuerza de trabajo jubilada tiene un interés particular en las políticas de dividendos, ya que ofrece un flujo constante y lucrativo de ingresos pasivos. Sin embargo, incluso para los inversionistas, hay inconvenientes en la recepción de dividendos, siendo el hecho de que son imponibles uno de los más significativos.

Las compañías establecidas que pagan dividendos representan un enfoque futurista próspero y orientado al rendimiento. Envía una fuerte señal al público de que es financieramente fuerte y que está dispuesto a compartir sus ganancias con la gente. Se crea un gesto de buena voluntad y los inversionistas mantienen un nivel de confianza y lealtad hacia esas compañías. Dow Jones, Verizon, Wells Fargo y Eon Mobil son algunas de las compañías que han desplegado con éxito sus políticas de dividendos y tienen un fuerte desarrollo de los inversionistas.

Disciplina financiera para la compañía

La política de dividendos puede evitar que una compañía asigne mal su capital. También impulsa a los gerentes a trabajar más duro para la compañía. Los inversionistas esperan mayores rendimientos en forma de pago de dividendos. Un gestor de dividendos se encarga de crear un flujo de caja sostenible y rentable para los inversionistas y la compañía.

El pago de dividendos ayuda a mantener las finanzas de la compañía bajo control. Una compañía puede terminar reinvirtiendo los beneficios en oportunidades menos lucrativas y así no crear un flujo de caja saludable. El pago oportuno de los dividendos le permite a la compañía ofrecer retornos consistentes sobre las inversiones que los accionistas han hecho con ellos al tiempo que crea una disciplina financiera dentro.

Separación del poder

Otra razón para tener una política de dividendos es crear una barrera entre la propiedad y la gestión. Los dividendos son la prueba de que una compañía está en el crecimiento de los ingresos sostenibles. El consejo de administración suele ser el responsable de determinar la relación de pago que debe ser compartida con los inversionistas.

Aversión a los riesgos del mercado

Es un hecho conocido que el valor de los dividendos tiende a crecer con el tiempo. Las compañías que han estado funcionando con éxito durante muchos años tienen pagos de mayor rendimiento en comparación con las compañías más nuevas. Dichas compañías han estado en el negocio por más de 25 años y a menudo se les conoce como los aristócratas de dividendos. Con las acciones en posesión de los inversionistas, la empresa también puede volver a comprarlas en caso de una recesión económica. Sin embargo, es importante entender que invertir en dividendos no garantiza un rendimiento constante. Puede haber momentos en los que los mercados fluctúen, y también lo harán los pagos.

Las compañías financieramente fuertes pagan dividendos de manera regular y siguen aumentando el número de pagos en efectivo para mantener el ritmo de la inflación. Esto es similar a recibir un aumento de salario o incrementar la renta de sus inquilinos en caso de tener una propiedad alquilada. Por lo tanto, es mejor ir con compañías tan estables para que los inversionistas no sientan la presión de la inflación y sigan recibiendo mejores rendimientos.

Capacidad para atraer a los inversionistas

Los dividendos son esenciales para atraer a los inversionistas. Las compañías ofrecen dividendos para atraer a los inversionistas a invertir en sus negocios. Los inversionistas que buscan formas de invertir su dinero en un flujo pasivo, pero estable, encontrarán en las inversiones de dividendos una oportunidad ideal, más comúnmente para asegurar sus planes de jubilación.

Las compañías requieren grandes cantidades para establecer, operar y dirigir sin problemas un gran negocio. Tener ese flujo de efectivo les permite cobrar y luego pagar cuando la compañía es capaz de rendir beneficios de esas inversiones.

Buscando una política efectiva de dividendos

Al elegir las acciones, muchos inversionistas se fijan en el rendimiento actual en lugar del valor de rendimiento total. Esto puede dar lugar a que se pase por alto el balance de la compañía, junto con la posible consistencia de aprender la relación de pago. Por lo tanto, es importante que, para seleccionar la compañía adecuada en la que invertir, se compruebe minuciosamente su historial para asegurarse de que la compañía ha estado pagando un dividendo con regularidad. Esto reduce el riesgo de invertir en una compañía que tiene un historial de reducción de la rentabilidad de los dividendos o incluso de eliminación. El inversionista debe tener en cuenta algunas características al seleccionar la compañía en la que va a invertir, examinando sus resultados, especialmente durante la desaceleración económica. La siguiente sección enumera las cualidades que un inversionista debe tener en cuenta al construir la cartera de dividendos.

Tener un buen ojo en el cambiante panorama económico y las oportunidades comerciales es una buena manera de comenzar. Muchas fuentes en línea proporcionan una amplia gama de información que puede ser abrumadora y confusa, por decir lo menos. Esta sección cubre todo lo que necesita saber antes de examinar a las compañías en busca de inversiones de dividendos. Tenga en cuenta que se trata de directrices generales y que no pueden determinar realmente la credibilidad o la eficacia de una compañía para ofrecer rendimientos deseables. Sin embargo, una investigación exhaustiva le ayudará a tomar decisiones informadas en este sentido.

Mayor tasa de crecimiento anual

El crecimiento anual del dividendo debe ser mayor que la tasa de inflación actual. Lo ideal es que la tasa de crecimiento del dividendo se priorice frente a la oferta media de dividendos. Saber que la tasa de crecimiento anual es mayor que la tasa de inflación asegura que sus inversiones seguirán siendo rentables y aumentarán de valor con el tiempo.

Hay excepciones a esta regla. Digamos que la tasa de inflación anual es del 4%, y la compañía ofrece un rendimiento estable del 12%. Pero los retornos se mantendrán constantes durante los próximos tres años. A primera vista, parecería que la tasa de crecimiento no aumenta cada año, pero en realidad, los resultados serían mejores que un retorno de dividendos del 4% el mismo año con un crecimiento anual del 2%. Sin embargo, en este caso, el inversionista produciría la misma cantidad de rendimiento durante los próximos tres años, pero las ganancias generales serían mucho más altas que las de una compañía que ofrece tasas de crecimiento crecientes a una tasa más baja.

No hace falta decir que no hay un modelo de inversión que sirva para todos los casos; ya sea que planee convertirse en un inversionista activo o pasivo, necesitará estudiar a fondo cada compañía candidata.

Crecimiento continuo de los dividendos

La cartera de dividendos debe incluir compañías que tengan al menos el 5% del crecimiento de los dividendos en un período de 10 años, porque eso demuestra que la compañía es financieramente sólida y podrá dar beneficios comparativamente mejores incluso durante una desaceleración económica. La mejor manera de analizar eso es considerar el desempeño de la compañía durante el período de recepción y expansión. Evite invertir en nuevas compañías, incluso si muestran una fuerte alianza con compañías bien establecidas, porque tales inversiones pueden ser más riesgosas.

Baja Volatilidad

Las acciones tienen una tasa de volatilidad en comparación con el mercado. Esta se conoce como la tasa Beta, y describe la relación de riesgo de las acciones pertinentes. Es importante considerar que las acciones tienen una posición bastante estable en el mercado. Las acciones que fluctúan significativamente poseen un riesgo mayor. El mercado consta de 1,0 beta y proporciona una escala de clasificación de las acciones en el mercado. Las de 1.0 son más arriesgadas, pero pueden producir mayores rendimientos. Las acciones de baja beta poseen rendimientos bajos, así como un factor de riesgo más bajo.

Aprender a medir la beta es importante para un inversionista. La fórmula básica para calcular la beta es Beta=Varianza/Covarianza, y esto se hace incorporando el análisis de la agresión.

Es de suma importancia analizar el nivel de volatilidad de las acciones para que se analicen los riesgos antes de tomar una decisión de compra. Por supuesto, confíe en su conocimiento y experiencia para establecer una decisión clara, pero también tenga en cuenta la relación beta.

Todas estas terminologías pueden parecer abrumadoras al principio. Pero una vez que se acostumbre, ¡estará hablando y dominando la jerga de los inversionistas en poco tiempo! Otra advertencia: el análisis beta de una acción en particular no representa los rendimientos futuros y, por lo tanto, no debe considerarse como un análisis final debido a otros factores que influyen en el mercado, como el índice, la inflación y la estabilidad económica.

Algunos ejemplos de las compañías con una baja tasa beta son AT&T con 0,56 y Colgate Palmolive con una tasa beta de 0,43. Estas son compañías bien establecidas y económicamente sólidas que han estado en el mercado por décadas y han pasado por fluctuaciones y han sobrevivido. Como nuevo inversionista, puede ser difícil evaluar correctamente los índices de volatilidad. Por regla general, solo asegúrese de que el coeficiente de volatilidad de las acciones debe ser inferior a 1,0 para que pueda considerar siquiera la posibilidad de invertir con ellas.

Evaluación de riesgos

Un consejo interesante para considerar del padre de la inversión de valor, Benjamin Graham, es que mientras se buscan acciones estables en las que invertir, hay que tener cuidado con el margen de seguridad, un término que se utiliza para diferenciar las compañías que han resistido las fluctuaciones o inestabilidades económicas. Al hacerlo, el inversionista debe mirar el balance de la compañía, así como la relación de crecimiento de los dividendos en un período de tiempo. Asegúrese de que no haya casos de pago excesivo porque eso puede significar un nivel de alto riesgo asociado con las existencias.

No pongas todas sus acciones en una sola compañía

Puede volverse abrumador mientras uno busca políticas efectivas de pago de dividendos. Las personas tienden a apresurarse e invertir tanto como pueden en las acciones de una determinada compañía, pero esa puede no ser la solución más adecuada. En un determinado período de tiempo, ciertas condiciones y actividades económicas pueden frenar el crecimiento de una compañía concreta o incluso de toda una industria o sector, mientras que; las mismas condiciones económicas pueden llegar a ser favorables para otras industrias.

En una situación como ésta, un inversionista con una cartera diversificada es capaz de navegar a través de esas condiciones fluctuantes sin verse afectado. Así que a menos que no haya prometido su lealtad y su dinero a una compañía o industria específica (¡nunca lo haga!), sería mejor tener una cartera diversificada.

Una rápida mirada a las carteras de inversión de los 10 o 10.000 principales inversionistas incluso le ayudaría a entender la importancia de la diversificación. Además, asegúrese de que no solo invierte en diferentes compañías que operan en el mismo sector, diversifique en términos de industrias también. Por ejemplo, si el precio del crudo aumenta un 20% de la noche a la mañana, entonces toda la industria del transporte se vería afectada negativamente, no solo una aerolínea específica. Por lo tanto, la selección de múltiples industrias (más sobre eso más adelante) le ayudaría a crear una cartera estable y económicamente probada.

CAPÍTULO 2

ELECCIÓN DE ACCIONES DE DIVIDENDO DE ALTO RENDIMIENTO

Dividendo Aristócratas

Los aristócratas de los dividendos son las 50 compañías que han mostrado un aumento significativo en el pago de sus dividendos en los últimos 25 años. Hay un cierto criterio que las acciones deben cumplir para formar parte de esta lista y también deben estar listadas en el S&P 500. Si un inversionista está buscando rendimiento, consistencia y previsibilidad, entonces este índice es el objetivo sitio. En su mayoría, los aristócratas de dividendos son las empresas de primera línea y se han comprometido a un crecimiento constante y constante del pago de dividendos durante muchas décadas.

Los criterios que debe cumplir una compañía para formar parte de la lista son los siguientes:

- La compañía debe mostrar un crecimiento en el pago de dividendos de al menos 25 años consecutivos.

- Las acciones de la compañía deben estar listadas en el S&P 500.

- La compañía debe tener una cierta capitalización de mercado y cumplir con ciertos requisitos de liquidez.

Las compañías aristocráticas son buenas opciones de inversión porque las acciones bajo este paraguas son en su mayoría defensivas y pueden navegar a través de sus difíciles situaciones económicas. Una de las principales razones por las que estas compañías son una opción viable es porque han sido capaces de construir credibilidad y, por lo tanto, siempre tendrán un flujo constante de ingresos procedentes de inversionistas de confianza, ayudándoles a mantenerse a flote. Otro factor importante es que sus dividendos han ido aumentando durante los últimos 25 años, lo que les da una ventaja competitiva sobre otras compañías.

Como inversionista, debe entender que estas compañías no son a prueba de recesión. Sin embargo, su rendimiento y flujo de caja no se han visto afectados significativamente por una desaceleración económica.

Por ejemplo, durante la recesión de 2008, las compañías aristocráticas tuvieron un descenso del 22%, mientras que el S&P 500 supuso una pérdida del 38%. Por lo tanto, como inversionista, es una apuesta más segura invertir en estas compañías, ya que han tenido un rendimiento superior en las últimas décadas y han ajustado sus rendimientos después de enfrentarse a los riesgos del mercado.

Caída del Índice de Aristócratas

Este índice es mantenido por la compañía Standard and Poor (S&P), y sigue ajustando los criterios cada año en enero. Las compañías que componen el índice tienen que mantener su posición y son agregadas y retiradas del índice según su situación.

Cómo invertir en el Índice Aristócrata

Hay muchos sitios web que proporcionan la lista de compañías aristócratas y ofrecen la información necesaria a los inversionistas para ayudarles en su toma de decisiones. Estos sitios web tienen un número de criterios para que los inversionistas seleccionen. Estos sitios web ofrecen información valiosa con respecto a la posición de una compañía en el índice de la aristocracia y la frecuencia con la que ha fluctuado. Usted quiere buscar una compañía que ha sido capaz de mantener su posición en diferentes condiciones económicas para que sea una opción viable.

Estas compañías están siempre bajo presión con respecto a su rendimiento, y a menudo recompran sus acciones en caso de un rendimiento superior. Sin embargo, para los inversionistas que buscan un flujo de ingresos constante, así como el crecimiento de los dividendos, vale la pena referirse al índice aristocrático.

Una percepción común es que las acciones que pagan dividendos siempre superan a las acciones que no pagan dividendos porque:

- Esto transmite el mensaje de que la compañía es amigable para los accionistas, ya que los recompensa en forma de pagos en efectivo.

- Estas compañías tienen mucha consideración al gastar en los proyectos de crecimiento porque están emitiendo parte de sus ganancias a los accionistas, y por lo tanto estas compañías no pueden permitirse tomar ninguna decisión arriesgada. En otras palabras, la asignación de capital de la compañía de búsqueda ya está muy escrutada.

- Es probable que las compañías que pagan un dividendo al accionista se centren en el crecimiento de la compañía para poder generar ganancias en efectivo a fin de recompensar a los accionistas y, por lo tanto, las acciones de mayor riesgo ya están excluidas.

El análisis más reciente muestra que, por sectores, los productos básicos de consumo y los industriales encabezaban el índice de aristócratas. El siguiente en la línea es el sector de la tecnología de la información que se ha abierto camino de forma significativa hasta la lista.

Compañía	Rendimiento de los dividendos	Pago anual	Ratio de pago	Crecimiento de los dividendos en 3 años	Relación P/E
3M	3.56%	$5.76	60.06%	7.01%	20.74
A. O. Smith	2.21%	$0.96	38.71%	0.00%	19.44
Laboratorios Abbott	1.62%	$1.44	39.89%	10.75%	43.06
AbbVie	5.79%	$4.72	49.95%	22.62%	37.59
AFLAC	2.04%	$1.08	24.27%	7.47%	13.05
Air Products & Chemicals	1.93%	$4.64	49.15%	6.88%	28.22
Archer Daniels Midland	3.07%	$1.40	NO.	0.00%	21.62
AT&T	5.57%	$2.08	57.78%	2.00%	16.73
Automatic Data Processing	2.09%	$3.64	59.00%	0.00%	32.00
Becton Dickinson and	1.13%	$3.16	25.12%	2.43%	71.96
Brown-Forman	1.02%	$0.70	NO.	0.00%	38.67

Cardinal Health	3.62%	$1.92	38.17%	1.58%	-3.77
Caterpillar	3.05%	$4.12	38.61%	9.95%	12.82
Chevron	4.29%	$4.76	68.10%	3.29%	15.93
Chubb	1.96%	$3.00	27.15%	2.08%	19.45
Cincinnati Financial	2.11%	$2.24	55.58%	0.00%	19.17
Cintas	0.91%	$2.55	33.55%	0.00%	33.09
Clorox	2.72%	$4.24	68.94%	8.93%	24.69
Colgate-Palmolive	2.48%	$1.72	57.53%	2.65%	25.71
Consolidated Edison	3.14%	$2.96	65.49%	3.50%	22.27
Dover	1.65%	$1.96	31.11%	2.50%	26.74
Ecolab	0.95%	$1.88	28.88%	0.00%	38.09
Emerson Electric	2.72%	$2.00	54.95%	1.28%	19.79
Exxon Mobil	5.40%	$3.48	100.58%	4.38%	18.73
Federal Realty Investment Trust	3.36%	$4.20	120.69%	0.00%	37.04
Franklin Resources	4.17%	$1.08	42.19%	9.17%	11.01
General Dynamics	2.25%	$4.08	31.70%	0.00%	15.69

Genuine Parts	3.17%	$3.05	51.69%	4.15%	17.67
Hormel Foods	1.94%	$0.93	53.14%	11.00%	26.61
Illinois Tool Works	2.43%	$4.28	53.77%	14.38%	23.21
Johnson & Johnson	2.54%	$3.80	41.71%	4.60%	22.10
Kimberly Clark	2.86%	$4.12	56.91%	2.02%	23.12
Leggett & Platt	3.26%	$1.60	62.50%	0.00%	22.12
Linde	NO.	NO.	0.00%	0.00%	NO.
Lowe's Companies	1.85%	$2.20	32.93%	13.12%	31.40
MCCORMICK & CO /SH	1.50%	$2.48	46.36%	0.00%	31.54
McDonald's	2.32%	$5.00	58.96%	9.29%	28.32
Medtronic	1.84%	$2.16	38.57%	0.00%	34.01
Nucor	3.34%	$1.61	40.97%	2.10%	11.64
Pentair	1.73%	$0.76	29.69%	NO.	20.78
People's United Financial	4.54%	$0.71	51.82%	1.08%	12.33
PepsiCo	2.67%	$3.82	64.09%	6.44%	16.37
PPG Industries	1.67%	$2.04	30.18%	6.27%	23.46
Procter & Gamble	2.38%	$2.98	59.60%	2.90%	74.20

Roper Technologies	0.53%	$2.05	15.11%	13.56%	35.32
S&P Global	0.77%	$2.28	21.86%	11.61%	35.40
Sherwin-Williams	0.80%	$4.52	18.59%	9.96%	38.00
Stanley Black & Decker	1.69%	$2.76	30.63%	4.48%	35.47
SYSCO	2.18%	$1.80	47.12%	10.89%	25.31
T. Rowe Price Group	2.24%	$3.04	35.14%	10.06%	17.23
Target	2.31%	$2.64	38.37%	2.66%	18.23
The Coca-Cola	2.73%	$1.60	71.11%	2.63%	32.58
United Technologies	1.93%	$2.94	33.79%	2.63%	23.88
VF	2.28%	$1.92	53.93%	0.00%	26.25
W Grainger	1.83%	$5.76	32.95%	0.00%	18.43
Walgreens Boots Alliance	3.53%	$1.83	31.23%	5.69%	12.72
Walmart	1.82%	$2.12	42.48%	1.29%	23.23 [1]

Datos históricos del crecimiento de la rentabilidad de los dividendos por compañía[2]

---

[1] https://www.marketbeat.com/dividends/aristocrats/

INVERSIÓN EN EL CRECIMIENTO DE DIVIDENDOS

Nombre de la compañía	No. de años	Rendimiento de los dividendos	Precio actual	Dividendo anual
American States Water	65	1.36%	$89.97	$1.2200
Dover Corp.	64	1.70%	$116.45	$1.9600
Northwest Natural Gas	64	2.51%	$75.58	$1.9100
Genuine Parts	63	3.17%	$96.58	$3.0500
Emerson Electric	63	2.71%	$74.43	$2.0000
Procter & Gamble	63	2.39%	$126.03	$2.9836
3M	61	3.24%	$165.58	$5.7600
Cincinnati Financial	59	2.14%	$105.35	$2.2400
Johnson & Johnson	57	2.55%	$149.50	$3.8000
Lowe's	57	1.84%	$121.15	$2.2000
Lancaster Colony Corp.	57	1.72%	$159.93	$2.8000
Coca-Cola Co.	57	2.78%	$57.01	$1.6000
Illinois Tool Works	56	2.47%	$175.86	$4.2800
Colgate-Palmolive	56	2.45%	$69.71	$1.7200
Chubb Limited	54	1.99%	$150.96	$3.0000
Hormel Foods	53	1.99%	$47.05	$0.9300

[2]https://www.dividend.com/dividend-stocks/10-year-dividend-increasing-stocks/

Tootsie Roll	53	1.05%	$34.12	$0.3600
ABM Industries	52	1.90%	$39.12	$0.7400
Federal Realty Investment Trust REIT	52	3.30%	$127.23	$4.2000
Stepan Co.	52	1.07%	$102.07	$1.1000
Target	52	2.29%	$115.44	$2.6400
Stanley Black & Decker, Inc.	52	1.64%	$166.35	$2.7600
California Water Services Group	52	1.49%	$53.19	$0.7900
SJW Corp	52	1.61%	$74.16	$1.2000
Commerce Bank shares	51	1.54%	$68.30	$1.0400
Black Hills Corp	50	2.59%	$82.85	$2.1400
H.B. Fuller Co.	50	1.33%	$48.56	$0.6400
National Fuel Gas Co.	49	3.93%	$42.79	$1.7400
Sysco Corp	49	2.15%	$82.67	$1.8000
Becton Dickinson	48	1.13%	$282.26	$3.1600
Leggett & Platt	48	3.22%	$50.21	$1.6000
Mine Safety Applications	48	1.23%	$138.64	$1.6800
Tennant Co.	48	1.06%	$80.72	$0.8800
Universal Corp	48	5.65%	$53.41	$3.0400
W.W. Grainger	48	1.79%	$323.45	$5.7600

Abbott Labs	47	1.61%	$89.54	$1.4400
Gorman-Rupp	47	1.54%	$37.73	$0.5800
PepsiCo	47	2.66%	$142.44	$3.8200
PPG Industries	47	1.62%	$124.03	$2.0400
V.F. Corporation	47	2.25%	$83.63	$1.9200
AbbVie Inc.	47	5.62%	$83.77	$4.7200
Middlesex Water Co.	47	1.54%	$66.30	$1.0250
Helmerich Payne	47	7.03%	$40.64	$2.8400
Kimberly-Clark	47	2.97%	$144.89	$4.2800
Nucor Corporation	46	3.11%	$49.47	$1.6100
Automatic Data Processing	45	2.07%	$178.30	$3.6400
Telephone & Data Systems	45	2.62%	$24.30	$0.6600
Consolidated Edison	45	3.28%	$94.18	$3.0600
Wal-Mart Stores	45	1.83%	$116.60	$2.1200
RPM International	45	1.94%	$72.98	$1.4400
MGE Energy	44	1.76%	$80.46	$1.4100
Walgreens Boots Alliance, Inc.	44	3.43%	$52.78	$1.8300
Pentair Inc.	43	1.62%	$44.28	$0.7600

Archer Daniels Midland Co.	43	3.27%	$42.66	$1.4000
McDonald's	43	2.34%	$210.39	$5.0000
Carlisle Co.	43	1.29%	$156.39	$2.0000
RLI Corp	43	1.00%	$94.87	$0.9200
Clorox Co.	42	2.65%	$156.07	$4.2400
Medtronic, Inc.	42	1.79%	$119.18	$2.1600
Sherwin Williams	41	0.76%	$591.05	$4.5200
Eaton Vance	39	3.28%	$46.62	$1.5000
Community Trust Bancorp	39	3.38%	$44.64	$1.5200
Sonoco Products	39	2.90%	$58.38	$1.7200
Franklin Resources	38	4.38%	$25.09	$1.0800
Old Republic International Corp	38	3.53%	$23.08	$0.8000
Weyco Group	38	3.98%	$23.93	$0.9600
Air Products & Chemicals	37	2.30%	$236.45	$5.3600
Exxon Mobil	37	5.21%	$64.74	$3.4800
Aflac	37	2.08%	$52.37	$1.0800
Atmos Energy	37	1.98%	$116.31	$2.3000
Cintas Corporation	37	0.92%	$277.96	$2.5500
Brown-Forman	35	0.99%	$70.47	$0.6972

Donaldson Company	35	1.59%	$53.18	$0.8400
AT&T	35	5.38%	$38.58	$2.0800
Ecolab Inc.	34	0.96%	$198.18	$1.8800
First Source Corporation	34	2.34%	$48.79	$1.1600
Brady Corp	34	1.54%	$56.89	$0.8700
Mercury General	34	5.24%	$48.83	$2.5200
Chevron Corp	34	4.31%	$111.12	$4.7600
UGI Corp	34	2.95%	$43.00	$1.3000
Universal Health Realty Income Trust REIT	34	2.19%	$125.95	$2.7400
Tompkins Financial	34	2.28%	$87.95	$2.0800
McCormick & Co.	33	1.44%	$166.06	$2.4800
T. Rowe Price	33	2.28%	$131.30	$3.0400
First Financial Corp	33	2.38%	$42.80	$1.0400
Cullen Frost Bankers Inc.	27	3.09%	$92.88	$2.8400
Tanger Factory Outlet REIT	27	8.66%	$14.95	$1.4200
West Pharma Services	27	0.41%	$157.33	$0.6400
John Wiley & Sons	26	2.94%	$45.97	$1.3600
Essex Property	26	2.52%	$308.41	$7.8000

Trust REIT				
Expeditors International	25	1.35%	$73.85	$1.0000
Erie Indemnity	24	2.31%	$167.75	$3.8600
Artesian Resources Corp. - Ordinary Shares - Class B	24	2.63%	$38.00	$0.9984
New Jersey Resources Corp.	24	2.87%	$43.15	$1.2500
Realty Income Corp REIT	24	3.61%	$78.13	$2.7900
TJX Companies	23	1.47%	$61.30	$0.9200
General Dynamics Corporation	22	2.23%	$183.63	$4.0800
Southside Bancshares	22	3.37%	$36.09	$1.2400
Computer Services, Inc.	21	1.65%	$51.30	$0.8400
First Robinson Financial Corp.	21	1.97%	$62.01	$1.2000
CCFNB Bancorp Inc.	21	3.20%	$49.15	$1.5600
Roper Industries	21	0.54%	$377.90	$2.0500
Enterprise Products Partners	21	6.61%	$27.24	$1.7800

L.P.MLP				
Urstadt Biddle Properties REIT	20	4.60%	$23.42	$1.1200
Muncy Bank Financial Inc	20	3.41%	$42.00	$1.4000
IBM Corp	20	4.67%	$139.55	$6.4800
Owens & Minor	20	0.15%	$6.65	$0.0100
Brown & Brown, Inc.	19	0.82%	$44.65	$0.3400
Nu Skin Enterprises	19	3.92%	$34.55	$1.4800
W.P. Carey Inc. REIT	19	4.93%	$83.77	$4.1520
Badger Meter	18	1.12%	$61.45	$0.6800
National Bank shares	18	3.47%	$41.38	$1.4400
McGrath Rent Corp	18	1.94%	$79.00	$1.5000
Republic Bancorp	18	2.62%	$44.48	$1.1440
The J.M. Smucker Company	18	3.25%	$106.27	$3.5200
Vanguard Total Stock Market ETFETF	18	2.10%	$166.17	$3.5420
York Water	18	1.45%	$48.78	$0.7208
Banc First Corp	18	2.15%	$59.53	$1.2800

Bunge Ltd.	18	3.86%	$51.61	$2.0000
Donegal Group Inc. Cl B	18	4.06%	$12.40	$0.5100
Microchip Technology	18	1.33%	$104.20	$1.4660
Farmers & Merchants Bancorp	18	1.86%	$770.54	$14.3000
Southern Company	18	3.60%	$70.05	$2.4800
Atrion Corp	17	0.86%	$717.93	$6.2000
Avista Corp.	17	3.12%	$49.99	$1.5500
Oil-Dri Corp of Americia	17	2.74%	$35.80	$1.0000
Lockheed Martin	17	2.22%	$437.17	$9.6000
Lindsay Corporation	17	1.21%	$101.95	$1.2400
Casey's General Stores	17	0.77%	$163.49	$1.2800
Harris Corp	17	0.00%	$189.13	$0.0000
ONEOK Inc.MLP	17	4.90%	$75.05	$3.7400
Occidental Petroleum	17	7.43%	$41.20	$3.1600
Calvin b. Taylor Bankshares, Inc.	17	3.47%	$35.75	$1.2400
Perrigo Company	17	1.41%	$59.52	$0.8400

Ritchie Bros. Auctioneers	17	1.85%	$43.20	$0.8000
Costco	16	0.84%	$310.85	$2.6000
Chesapeake Utilities	16	1.69%	$95.86	$1.6200
Holly Energy Partners L.P.MLP	16	11.25%	$23.69	$2.6900
Microsoft	16	1.22%	$165.46	$2.0400
Texas Instruments	16	2.68%	$128.04	$3.6000
VSE Corp	16	1.05%	$32.90	$0.3600
Waste Management	16	1.69%	$121.05	$2.0500
Assurant, Inc.	16	1.97%	$129.49	$2.5200
Albemarle Corp	16	1.86%	$80.20	$1.4700
Bank Of Utica - Ordinary Shares (Non Vtg.)	16	3.56%	$435.00	$15.5000
Eagle Financial Services, Inc.	16	3.30%	$31.50	$1.0400
Delhi Bank Corp	16	2.18%	$33.25	$0.7296
J.B. Hunt	16	0.94%	$112.86	$1.0800
Jack Henry & Associates	16	1.07%	$150.05	$1.6000
Lincoln Electric	16	2.15%	$93.13	$1.9600
Silgan	16	1.39%	$31.42	$0.4400

Holdings				
Prosperity Bancshares	16	2.66%	$67.72	$1.8400
Xcel Energy	16	2.42%	$67.22	$1.6200
Westlake Chemical Co.	16	1.55%	$64.20	$1.0500
Rollins Corp	16	1.15%	$36.73	$0.4200
Robert Half International	16	1.98%	$61.05	$1.2400
Torrington Water Co.	16	3.12%	$41.00	$1.2800
Edison International	15	3.35%	$76.80	$2.5500
BOK Financial	15	2.55%	$80.31	$2.0400
iShares S&P 1500 Index Fund (ETF)ETF	15	2.02%	$73.77	$1.4725
Bank Of Utica	15	2.73%	$567.27	$15.5000
Hawkins, Inc	15	2.20%	$42.35	$0.9200
Kellogg Co.	15	3.30%	$68.98	$2.2800
Landstar Systems	15	0.66%	$112.08	$0.7400
Lyons Bancorp, Inc.	15	3.26%	$38.77	$1.2400
Royal Gold Inc.	15	0.99%	$111.72	$1.1200
UMB Financial	15	1.87%	$65.35	$1.2400
Verizon	15	4.07%	$60.70	$2.4600
Alerus	15	2.49%	$21.49	$0.5600

Financial Corp				
AmerisourceBergen Corp	15	1.83%	$89.11	$1.6000
Cass Information Systems	15	1.90%	$56.84	$1.0800
J&J Snack Foods	15	1.25%	$165.01	$2.3000
Graco Inc.	15	1.36%	$55.05	$0.7000
General Mills	15	3.68%	$53.01	$1.9600
Cardinal Health	15	3.61%	$53.80	$1.9244
Digital Realty Trust REIT	15	3.35%	$129.82	$4.3200
Renaissance Re-Holdings	15	0.71%	$189.94	$1.3600
Church & Dwight	14	1.26%	$72.02	$0.9100
American Financial Group	14	1.66%	$109.20	$1.8000
Flowers Foods	14	3.48%	$21.58	$0.7600
iShares Core S&P U.S. Growth ETFETF	14	1.49%	$69.95	$1.0260
Portland General Electric	14	2.57%	$60.91	$1.5400
Raytheon Co.	14	1.64%	$227.62	$3.7700
A.O. Smith	14	2.19%	$45.49	$0.9600

Jardine Strategic Holdings Ltd.	14	0.00%	$32.27	$0.0000
Northeast Indiana Bancorp Inc.	14	2.63%	$41.00	$1.0800
Alliant Energy	14	2.58%	$59.15	$1.5200
CenterPoint Energy	14	4.39%	$26.31	$1.1500
Technology Select Sector SPDRETF	14	1.20%	$96.93	$1.1787
First of Long Island Corp	13	3.09%	$23.13	$0.7200
First Community Financial Corp	13	4.88%	$22.11	$1.0800
C.H. Robinson Worldwide	13	2.60%	$77.88	$2.0400
Duke Energy	13	3.93%	$96.21	$3.7800
Axis Capital Holdings	13	2.65%	$62.26	$1.6400
OGE Energy	13	3.38%	$45.79	$1.5500
Tomra Systems ASA	13	0.00%	$28.80	$0.0000
Aaron's Inc.	13	0.26%	$62.77	$0.1600
Kerry Group Plc - Ordinary Shares - Class A	13	0.76%	$129.85	$0.9840
People's United	13	4.42%	$15.85	$0.7100

Financial				
Ross Stores	13	0.86%	$114.48	$1.0200
Broadridge Financial Solutions	12	1.67%	$129.77	$2.1600
Warrior Met Coal Inc.	12	1.02%	$19.56	$0.2000
Healthcare Services Group	12	3.05%	$26.25	$0.8000
Hillenbrand Inc.	12	2.85%	$30.23	$0.8500
Northrop Grumman	12	1.38%	$381.84	$5.2800
Aqua America Inc.	12	1.80%	$52.15	$0.9372
Experian Plc	12	1.84%	$35.36	$0.6500
The Ensign Group	12	0.45%	$45.78	$0.2000
Philip Morris International	12	5.37%	$84.68	$4.6800
Thomson Reuters	12	1.83%	$80.38	$1.4400
Evercore Partners	11	3.18%	$73.49	$2.3200
Chemed Corp	11	0.27%	$477.97	$1.2800
Coca-Cola European Partners Plc.ADR	11	2.61%	$52.99	$1.3800
Artesian Resources	11	2.56%	$39.25	$0.9984

American Water Works Company	11	1.48%	$135.80	$2.0000
Invesco Ltd.	11	7.01%	$17.97	$1.2400
Prudential Financial	11	4.19%	$92.00	$4.0000
North Western Corp.	11	3.05%	$75.87	$2.3000
Quaint Oak Bancorp Inc	11	2.40%	$15.00	$0.3600
Power Shares QQQETF	11	0.82%	$221.45	$1.8306
Travelers Co.	11	2.44%	$134.39	$3.2800
Western Gas Partners L.P.MLP	11	12.99%	$18.18	$2.4880
Arrow Financial	11	2.90%	$35.82	$1.0400
Bank of Marin Bancorp	11	2.02%	$45.50	$0.9200
Monro Muffler	11	1.18%	$70.85	$0.8800
Horace Mann Educators	11	2.67%	$43.52	$1.1500
New Market Corp	11	1.64%	$448.21	$7.6000
Altria Group	11	6.65%	$50.17	$3.3600
Isabella Bank Corp	11	4.46%	$24.25	$1.0800
Dominion Resources	11	4.51%	$84.52	$3.7600
Kroger	11	2.26%	$28.33	$0.6400

Unum Group	11	3.98%	$27.34	$1.1400
Visa	11	0.58%	$202.85	$1.2000
Ryder System	11	4.23%	$49.80	$2.2400
Techtronic Industries Co. Ltd. - ADR	11	1.26%	$41.33	$0.5340
iShares Dow Jones Select Dividend Index Fund ETF	10	3.40%	$105.63	$3.5660
Eaton Corp	10	3.00%	$96.27	$2.8400
BlackRock, Inc.	10	2.52%	$529.97	$13.2000
Caterpillar Inc.	10	3.04%	$136.74	$4.1200
Cummins Inc.	10	3.18%	$166.08	$5.2440
CSX Corp	10	1.28%	$76.22	$0.9600
Cognex	10	0.40%	$54.91	$0.2200
Chico's FAS	10	9.23%	$3.99	$0.3500
Armanino Foods Of Distinction Inc.	10	2.95%	$3.25	$0.1000
TD Ameritrade	10	2.60%	$48.35	$1.2400
FedEx	10	1.75%	$148.40	$2.6000
Analog Devices	10	1.92%	$114.31	$2.1600
Applied Industrial Technologies	10	1.99%	$65.56	$1.2800
Bar Harbor	10	3.82%	$22.91	$0.8800

Bank shares				
Hershey Company	10	2.02%	$152.19	$3.0920
HEICO Corp	10	0.13%	$123.16	$0.1600
Hasbro Inc.	10	2.62%	$104.99	$2.7200
iShares Russell Top 200 Growth Index Fund ETF	10	1.03%	$100.17	$1.0196
iShares Dow Jones U.S. Total Market Index Fund ETF	10	1.84%	$162.30	$2.9612
Oxford Industries	10	2.03%	$70.97	$1.4800
Pfizer	10	3.73%	$38.14	$1.5200
Quaker Chemical	10	0.92%	$169.00	$1.5400
Norfolk Southern	10	1.80%	$204.76	$3.7600
National Retail Properties REIT	10	3.64%	$56.49	$2.0600
Omnicom Group	10	3.30%	$76.76	$2.6000
Maxim Integrated Products	10	3.02%	$62.09	$1.9200
MDU Resources Group	10	2.76%	$29.67	$0.8300
Lakeland	10	2.98%	$16.73	$0.5000

Bancorp				
Marsh & McLennan Corporation	10	1.59%	$115.14	$1.8200
Republic Services	10	1.72%	$94.36	$1.6200
Retail Opportunity Investments Corp REIT	10	4.48%	$17.13	$0.7880
Rockwell Automation	10	2.02%	$196.67	$4.0800
Risk George Industries, Inc. - Ordinary Shares - Class A	10	3.81%	$10.50	$0.4000
Simon Property Group REIT	10	5.70%	$139.99	$8.4000
SPDR Series Trust - SPDR Portfolio Large Cap ETF	10	1.93%	$38.44	$0.7516
Standex International Corp	10	1.12%	$76.91	$0.8800
UDG Healthcare Plc	10	0.82%	$10.85	$0.0892
Union Pacific	10	2.07%	$179.64	$3.8800
UDR Inc. REIT	10	2.84%	$48.20	$1.3700
Domtar Corp	10	4.60%	$36.76	$1.8200

UnitedHealth Group	10	1.44%	$285.87	$4.3200
Tricontinental Corp.	10	11.19%	$28.67	$3.2460
Taubman Centers REIT	10	8.55%	$28.50	$2.7000
SPDR S&P 500ETF	10	1.89%	$326.89	$6.2800
Charles Schwab U.S. Broad Market ETFETF	10	2.33%	$78.06	$1.8492
Susquehanna Community Financial Inc	10	8.27%	$19.80	$1.6400
Spirent Communicatio ns Plc - ADR	10	1.09%	$12.19	$0.1379
Six Flags Entertainment	10	8.91%	$37.73	$3.3200
Vanguard Information Tech ETFETF	10	1.00%	$258.88	$2.6052
Waste Connections	10	0.76%	$98.25	$0.7400
WR Berkley Corporation	10	0.62%	$72.37	$0.4400
Williams Sonoma	10	2.54%	$74.72	$1.9200
Ameriprise Financial	10	2.39%	$165.12	$3.8800
Compagnie financiere	10	1.53%	$7.57	$0.1152

Richemont SA - ADR				
Brookfield Infrastructure Partners L.P.MLP	10	3.71%	$54.49	$2.0100
Autoliv Inc.	10	3.34%	$78.24	$2.4800
Broadcom Limited	10	4.21%	$318.31	$13.0000
Coca-Cola European Partners Plc	10	0.00%	$46.72	$0.0000
Cracker Barrel	10	3.33%	$156.86	$5.2000
Bristol-Myers Squibb	10	2.83%	$64.81	$1.8000
Henderson Land Development Co. Ltd. - ADR	10	2.24%	$4.65	$0.1024
Hawthorn Bancshares	10	2.00%	$23.58	$0.4800
National Health Investors REIT	10	4.89%	$85.38	$4.2000
Moody's Corp	10	0.78%	$260.19	$2.0000
NextEra Energy, Inc.	10	1.92%	$265.81	$5.0000
Littelfuse Inc.	10	1.04%	$186.77	$1.9200
Legg Mason	10	4.16%	$39.50	$1.6000
Magellan Midstream	10	6.35%	$63.91	$4.1100

Partners L.P.MLP				
Industria De DisenoTextil SA	10	2.58%	$34.10	$0.8800
Kentucky Bancshares, Inc.	10	2.92%	$23.25	$0.6800
Franklin Electric	10	1.05%	$59.95	$0.6200
Idex Corp	10	1.18%	$171.28	$2.0000
International Flavors & Fragrances	10	2.24%	$135.45	$3.0000
Iron Mountain REIT	10	7.82%	$31.96	$2.4740
Group 1 Automotive	10	1.12%	$104.49	$1.1600
Pioneer Bank shares Inc	10	3.05%	$28.86	$0.8800
Omega HealthCare Investors Inc. REIT	10	6.20%	$43.40	$2.6800
KLA Tencor	10	2.00%	$175.93	$3.4000
Northrim Ban Corp	10	3.50%	$37.97	$1.3200
United Parcel Service	10	3.28%	$115.37	$3.8400
Scotts Miracle-Gro Co.	10	2.14%	$109.30	$2.3200
Steris Corp	10	0.97%	$151.05	$1.4800

Snap-On	10	2.56%	$164.80	$4.3200
Paccar Inc.	10	1.65%	$76.77	$1.2800
Health Care Select Sector SPDRETF	10	1.62%	$102.18	$1.6876
Vanguard Mid-Cap ETFETF	10	2.16%	$181.08	$3.9648
Regal-Beloit Corp	10	1.42%	$81.70	$1.2000
SEI Investments	10	1.07%	$63.45	$0.7000
Thor Industries	10	1.92%	$82.08	$1.6000
Tiffany & Co.	10	1.73%	$134.09	$2.3200

REIT

Fideicomisos de Inversión en Bienes Raíces (REIT)

Los REIT operan de manera diferente a otros valores. Las compañías bajo el paraguas de REIT están obligadas a pagar el 90 por ciento de sus ganancias a los accionistas en forma de dividendos. En el mercado existen varias opciones de REIT y el inversionista está obligado a llevar a cabo una investigación exhaustiva porque no todas las compañías producen pagos más altos.

Los REIT requieren que los accionistas paguen impuestos y por lo tanto las compañías están exentas de hacerlo. Estas se consideran inversiones relativamente seguras y, a menudo, están significativamente influenciadas por las condiciones del mercado y la recesión, pero de lo contrario los rendimientos son lucrativos. Históricamente, los REIT han proporcionado rendimientos fiables sobre los ingresos, han permitido la acumulación de riqueza, la protección contra la inflación y han reducido la volatilidad de las carteras.

Principales acciones de dividendos de REIT[3]

Brookfield Property REIT Inc Class AREIT	6.97%	$19.14	$1.3200	27-11-2019	31-12-2019
Kite Realty Group	6.96%	$18.36	$1.2700	19-12-2019	27-12-2019
Taubman Centers, Inc. Preferred Shares Series J	6.30%	$25.68	$1.6250	13-12-2019	31-12-2019
Ramco-Gershenson Properties Trust Preferred Shares	6.12%	$58.91	$3.6250	19-12-2019	02-01-2019
SITE Centers Corp.	5.89%	$13.23	$0.8000	12-12-2019	07-01-2019
Simon Property	5.70%	$139.99	$8.4000	14-11-2019	29-11-2019

[3]https://www.dividend.com/dividend-stocks/financial/reit-retail/#tm=3-industry-stocks=ES%3A%3ADividendStock%3A%3AStock%23RPT-PR-D--NYSE_2=reit-retail

Group					
Kimco Realty Corp	5.56%	$20.20	$1.1200	31-12-2019	15-01-2019
Brixmor Property Group Inc	5.50%	$20.79	$1.1400	03-01-2019	15-01-2020
Weingarten Realty	5.10%	$30.48	$1.5800	05-12-2019	13-12-2019
Monmouth Real Estate Investment Corp	4.60%	$14.84	$0.6800	14-02-2020	16-03-2020
Getty Realty Corp	4.58%	$32.18	$1.4800	24-12-2019	09-01-2020
Retail Opportunity Investments Corp	4.48%	$17.13	$0.7880	13-12-2019	30-12-2020
Urban Edge Properties	4.44%	$19.41	$0.8800	13-12-2019	31-12-2019

A menudo se sugiere a los nuevos inversionistas que comiencen su cartera de inversiones con la acumulación de acciones. La generación de ingresos por dividendos seguros y estables se produce a través de las organizaciones de servicios públicos o del sector de las telecomunicaciones. Estas compañías son conocidas por su alto rendimiento de dividendos, así como por su capacidad para hacer frente a la inestabilidad económica. Compañías como Verizon y AT&T tienen una tasa de pago más alta de más del 6%, mientras que Duke Energy paga un 5% o más a sus inversionistas.

Para construir una cartera de dividendos excelente, debe encontrar las principales compañías que ofrecen un alto rendimiento de dividendos para sus acciones. Considere las compañías que tienen altas ganancias corporativas y comparten una cantidad significativa de las ganancias con los accionistas como dividendos. Debe invertir algún tiempo y esfuerzo en comprender cómo funcionan los diversos sectores y qué industrias ofrecen los rendimientos más estables de las inversiones. Debe estar atento a las industrias que soportan las condiciones económicas de fluctuación.

Sitios web como www.dripinvesting.com son la última fuente para recibir los nombres e información de las industrias según su criterio. Otra forma de considerar las compañías relevantes es buscar las industrias que siempre han tenido demanda para sus productos y servicios.

El sector de servicios públicos a menudo se considera el más lucrativo, ya que no importa cuáles sean las condiciones económicas, las personas continuarán comprando servicios básicos. Otros sectores populares incluyen telecomunicaciones y bienes raíces; una vez más, estas son necesidades básicas y deben abordarse y satisfacerse sin importar cómo esté la economía. Por ejemplo, incluso durante la desaceleración económica la gente seguirá comprando jabones y utilizando servicios de comunicación y, por lo tanto, estas industrias tienen más posibilidades de atravesar las difíciles condiciones económicas.

Es probable que las compañías que tienen ganancias menos predecibles paguen porque el capital podría ser necesario en una recesión. También es difícil para esas compañías planificar su flujo de efectivo por adelantado y la volatilidad económica hace que el entorno sea mucho más escéptico. Del mismo modo, las compañías con mayores ganancias predecibles dan más a sus accionistas.

Telecomunicaciones

Las acciones de las telecomunicaciones son las inversiones preferidas y pueden resistir las inestabilidades económicas manteniendo un flujo de ingresos estable. Las telecomunicaciones son una amalgama de varias estructuras complejas que incluyen teléfonos, Internet y teléfonos móviles. La gran dependencia de las personas de estos sistemas hace que el sector sea muy valioso y, pase lo que pase en todo el mundo, estos servicios son esenciales para mantenerse en contacto y ocuparse de las actividades comerciales cotidianas.

En el pasado, las telecomunicaciones consistían en operadores nacionales, pero con la aparición de la tecnología móvil, las compañías están obteniendo sus ingresos a través de paquetes de datos y planes móviles. Estas compañías pagan mayores dividendos y tienen más efectivo acumulado, y se prevé que en el futuro próximo obtendrán mayores ganancias. Debido a la creciente demanda de telecomunicaciones y servicios, este sector se ha convertido en un sector altamente monopolizado por los gobiernos, pero funciona como una entidad comercial independiente debido a la importante infraestructura que implica.

El sector de las telecomunicaciones está formado por compañías medianas y grandes como AT&T y Verizon. Estas compañías son lo suficientemente grandes como para soportar la exorbitante cantidad de gastos de expansión, operación y mantenimiento que implican. A pesar de los desafíos, el sector de las telecomunicaciones ha podido adaptar las innovaciones tecnológicas y los avances y, por lo tanto, continúa produciendo un pago constante de dividendos. Sin embargo, la inversión debe ser lo suficientemente cuidadosa como para no tener en cuenta a las compañías de reciente creación o de pequeña escala porque a menudo no pueden mantener el costo de mantenimiento y, por lo tanto, el pago de dividendos y el potencial de crecimiento es menor.

Teniendo en cuenta que AT&T y Verizon son los principales actores del sector de las telecomunicaciones, a continuación, se muestra una representación gráfica del crecimiento de los dividendos de estas compañías entre 2009 y 2017.

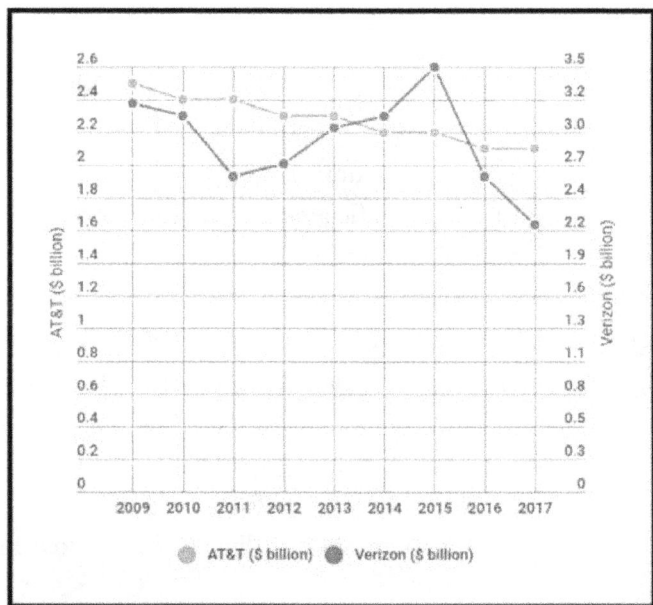

Los productos de primera necesidad...

Los alimentos, las bebidas y los artículos de uso diario constituyen la categoría de productos básicos para el consumidor. Estos son elementos esenciales de los que los consumidores no pueden separarse independientemente de su estado financiero. Incluso durante la recesión económica, estos artículos siguen teniendo demanda y, por lo tanto, generan un flujo continuo de ingresos. Esta es una de las categorías más favorecidas por los inversionistas, especialmente durante las condiciones económicas inestables. Compañías conocidas como Coca Cola, Procter & Gamble y Nestlé son algunas de las compañías que entran en esta categoría.

Tabaco

La industria del tabaco es segura y ha sobrevivido a muchos trastornos económicos en el pasado. Aunque las ganancias no son uniformes, los inversionistas tienen la suerte de beneficiarse del crecimiento de los dividendos y del aumento de los precios de las acciones. Consideremos un ejemplo para analizar este sector. Según se informa, British American Tobacco paga 2.68 dólares por acción anualmente. Se informa que el rendimiento de los dividendos es del 6.11%, mientras que se sabe que la compañía paga el 67% de sus ganancias corporativas en forma de dividendos, BTI ha logrado aumentar los dividendos todos los años[4].

Historial trimestral de dividendos de British American Tobacco (NYSE: BTI) - 2013-2020

Anunciado	Período	Cantidad	Rendimiento	Fecha de sin dividendos	Fecha de registro	Fecha de pago
01/10/2019	trimestral	$0.6745	7.11%	26/12/2019	27/12/2019	11/2/2020
01/03/2019	trimestral	$0.6745	7.11%	03/10/2019	4/10/2019	19/11/2019
01/03/2019	trimestral	$0.6745	7.11%	27/06/2019	28/6/2019	13/8/2019
01/03/2019	trimestral	$0.6745	7.11%	21/3/2019	22/03/2019	13/05/2019
23/02/2018	trimestral	$0.6792	4.33%	27/12/2018	28/12/2018	12/02/2019

23/02/ 2018	trimest ral	$0.67 92	4.33 %	4/10/2018	05/10/ 2018	20/11/2 018
23/02/ 2018	trimest ral	$0.67 92	4.33 %	28/06/201 8	29/06/ 2018	13/08/2 018
22/02/ 2018	Ningu no	$0.67 40	4.33 %	22/03/201 8	23/03/ 2018	14/05/2 018
05/12/ 2017	Ningu no	$0.58 10	1.73 %	28/12/201 7	29/12/ 2017	13/02/2 018
27/07/ 2017	Ningu no	$0.72 80	2.28 %	16/08/201 7	18/08/ 2017	03/10/2 017
27/07/ 2017	Ningu no	$0.72 80		16/08/201 7	18/08/ 2017	03/10/2 017
02/03/ 2017	semest ral	$1.47 71	4.63 %	15/03/201 7	17/03/ 2017	09/05/2 017
01/08/ 2014	semest ral	$1.60 41	2.76 %	20/08/201 4	22/08/ 2014	03/10/2 014
03/03/ 2014	semest ral	$3.26 45	6.02 %	12/03/201 4	14/03/ 2014	13/05/2 014
02/08/ 2013	semest ral	$1.36 41	2.51 %	21/08/201 3	23/08/ 2013	03/10/2 013

Utilidades

Los servicios públicos, como los productos básicos de consumo, son otro sector estable para incluir en una cartera de dividendos. El sector de los servicios públicos incluye compañías que tienen un ciclo comercial defensivo que funcionará sin importar lo difícil que se vuelva el mercado. En otras palabras, estas compañías nunca tendrán que cerrar sus operaciones, incluso en el caso de una desaceleración económica. Estos incluyen los suministros de electricidad, gas y agua, entre otros servicios básicos diarios.

Los ingresos continuarán fluyendo y, dado que operan con un modelo de costo-beneficio, estas compañías pueden maximizar su tasa de retorno. Por ejemplo, el agua, la electricidad y el gas nunca perderán su valor para la gente y son servicios esenciales en el uso diario. Dado que esta industria requiere una cantidad significativa de infraestructura, la deuda también está en el lado más alto. El rendimiento de sus finanzas es positivo si los tipos de interés son bajos.

Aunque diversos factores han eclipsado a las compañías de servicios públicos en lo que respecta a los dividendos de mayor cuantía, sigue siendo uno de los medios importantes de generación de ingresos para los inversionistas. El sector de las compañías de servicios públicos es el más adecuado para los inversionistas conservadores, pero las compañías que tienen un mayor índice de pago de dividendos significan que el potencial de crecimiento de los dividendos es limitado. En general, este sector encabeza la lista de los sectores adecuados para incluir en la cartera debido a su demanda invariable y cada vez mayor.

Sociedades Limitadas Maestras (MLP)

Los MLP abarcan la sociedad limitada que se negocia públicamente. Las compañías que pertenecen a este sector comercian con petróleo crudo, gas natural y tanques de almacenamiento. Los MLP tienen un mayor rendimiento en comparación con el sector de los servicios públicos porque operan en el sistema de carreteras de peaje, en el que los ingresos generados se basan en la estructura de tarifas. Los MLP están formados por compañías relacionadas con la energía y otras no relacionadas con ella e incluyen las industrias del gas y el petróleo, así como las industrias que producen fertilizantes y madera.

Estas compañías gozan de muchas exenciones fiscales; por ejemplo, una compañía puede calificarse como MLP si el 90% de sus ingresos se generan a partir de actividades basadas en los recursos naturales. Además, los ingresos generados se basan en el volumen de gasóleo que pasa por los oleoductos y no dependen del precio del combustible, por lo que la fluctuación del precio de mercado del combustible no tiene repercusiones negativas en el sector. Debido a estas ventajas, los MLP pueden distribuir un alto pago de dividendos entre los accionistas en la mayoría de los escenarios.

Para concluir

Todas estas industrias tienen sus pros y sus contras. Mientras que muchas pueden soportar las condiciones económicas, el inversionista sigue estando a merced del rendimiento de una compañía para obtener los beneficios deseados. Si, por cualquier razón, la compañía no es capaz de mantener los beneficios, el inversionista se queda sin nada que poseer como muestra de su lealtad. Digamos que una parte de un dividendo cae de 62 a 8 dólares o menos, no hay nada que le quede al inversionista. Por lo tanto, el factor de riesgo sigue siendo alto y puede dar la alarma en cualquier momento.

La única manera en que un inversionista puede soportar estos riesgos o asegurarse de que no pierde todo en lo que ha invertido, necesita invertir en algo más concreto, como los bienes raíces. Y ahí es donde los REIT se vuelven interesantes. Permiten que los inversionistas se salten la molestia de convertirse en inversionistas inmobiliarios y todos los problemas y procesos que esto conlleva y, sin embargo, puedan disfrutar de beneficios lucrativos y sostenibles de un inversionista inmobiliario.

CAPÍTULO 3

ESTRATEGIAS, VENTAJAS Y DESVENTAJAS

Ventajas y desventajas de la inversión de dividendos

Por un lado, cuando los dividendos están destinados a beneficiar a los accionistas, tienden a acarrear también algunas desventajas. Necesitará conocer las dos caras de esta moneda al revés antes de poder tomar decisiones informadas. En esta sección, repasaremos todas las ventajas y desventajas de invertir en dividendos que usted, como inversionista, debe comprender antes de arriesgar su dinero.

Generar ingresos pasivos

La mayor ventaja de la inversión de dividendos es que se puede crear un flujo constante de ingresos e incluso crear una inmensa riqueza con poco o ningún esfuerzo

69

de su parte. Claro que tendrá que hacer sus deberes y estar al tanto de las condiciones del mercado para entender cómo van sus inversiones, pero a la larga, solo se sentará, se relajará y disfrutará de los frutos de sus inversiones, sin el trabajo.

Aunque esperar que las compañías que pagan dividendos hagan bien su trabajo de forma continua puede parecer arriesgado, el hecho es que las compañías y organizaciones bien establecidas tienden a ir a extremos para mantener sus dividendos tanto predecibles como saludables. Hacen todo lo posible por garantizar que el pago de dividendos sea igual o superior a los niveles de inflación año tras año. Por lo tanto, hacen el trabajo duro mientras usted disfruta de los **beneficios.**

Aprovechar al máximo la capitalización

La capitalización es una forma bastante útil de aumentar sus ingresos invirtiendo lo que gana para generar más ganancias. Es un proceso en el que no hay que hacer inversiones adicionales para obtener más ganancias. En cambio, permita que las ganancias hagan todo el trabajo por usted. En el caso del pago de dividendos, cuando se opta por comprar dividendos adicionales, se están, de hecho, aumentando las ganancias porque cada dividendo tiene su propio pago regular, que seguirá aumentando con el tiempo.

Por lo tanto, todo lo que realmente necesita hacer es invertir una cantidad inicial y luego dejar que las ganancias de esas inversiones creen más ganancias y comenzar a rodar la bola de nieve.

Invierte una vez y gana dos veces

Al invertir en acciones de dividendos, se tiende a obtener beneficios de más de una manera. Las acciones que no pagan dividendos solo le beneficiarán una vez cuando las compre a un precio más bajo y luego las venda a un precio más alto. Las acciones con dividendos, por otro lado, le proporcionarán una parte de los beneficios de la compañía y le permitirán conservar la propiedad de su inversión también. Y dado que las compañías bien establecidas tienden a ser financieramente sólidas y confiables, los precios de sus acciones tienden a aumentar con el tiempo, lo que aumenta la confianza de sus accionistas también.

Maximización del retorno con reinversión de dividendos

Ya sabemos que se pueden obtener mayores rendimientos y ganancias si se utiliza la técnica de la capitalización. Sin embargo, puede ser más fácil y conveniente si se utiliza un plan de reinversión de dividendos.

El plan de reinversión de dividendos resulta ser un programa que permite al inversionista invertir automáticamente sus dividendos en efectivo en la compra de acciones adicionales de la compañía, los DRIP de esta manera combinan los beneficios de la capitalización y el promedio de los costos en dólares.

Estas compras automáticas de acciones suelen producirse en la fecha de pago de los dividendos de la compañía y pueden ser gestionadas por la propia sociedad anónima o por un corredor o un agente externo.

Inscripción completa

Puede haber una inscripción completa en el DRIP. Por ejemplo, John es dueño de 1.000 acciones de Coca Cola, y el dividendo que se paga anualmente por cada acción es de 1,56 dólares. El valor actual de las acciones es de 47 dólares por acción. La compañía ya ha pagado un dividendo trimestral de 39 centavos.

Antes de que John se inscribiera en la DRIP, su cuenta recibía 390 dólares trimestralmente. Sin embargo, esta vez tiene 1,008.29 dólares en acciones. Esto significa que el dividendo de 390 dólares ha sido totalmente inscrito o reinvertido, mientras que las acciones fraccionadas de Coca-Cola están a 47 dólares por acción.

Inscripción parcial

John es propietario de 500 mil acciones de una compañía en la que el dividendo anual ronda los 3.20 dólares por acción y el valor comercial por acción es de 49 dólares. Del total de los dividendos que John recibe trimestralmente, le gustaría reinvertir y considerar la inscripción parcial de 300,000 acciones. En este caso, cuando John reciba el pago de dividendos trimestrales, se pagarán 160,000 dólares en efectivo. John también recibirá otros 4.898 según los siguientes cálculos:

300,000 * $0.80 = $240,000 / $49 = 4,898

Aislamiento del mercado de valores

Una de las muchas ventajas que ofrece la inversión en dividendos es el aislamiento del mercado de valores, lo que significa que su inversión no se verá influida en modo alguno por las condiciones del mercado de valores. Dado que predecir el mercado de valores es casi imposible y no es fácil, la inversión en dividendos es una opción de inversión más factible para los inversionistas con buenas expectativas de rentabilidad.

Los dividendos significan que no tendrá que vender acciones para obtener un retorno

El mercado de valores es justo cuando se trata de valorar los negocios. En otras palabras, si la acción de la compañía en la que ha invertido aumenta, también lo hará el valor de su inversión. Pero ¿qué sucede cuando las acciones, por cualquier razón imprevisible, caen en picado? ¿Qué pasa con su inversión? Sube y baja sin nada que mostrar durante sus años de inversión. Digamos que estaba invirtiendo para la jubilación. Y la caída ocurre justo antes de la jubilación, y te quedas sin dinero y sin tiempo para generar un ingreso estable.

Por otro lado, los dividendos ofrecen pagos regulares, así que incluso en el caso de que el mercado se desplome, para entonces ya habrá generado un buen retorno de su inversión.

Los dividendos respaldan el precio de las acciones

Se ha descubierto que los dividendos apoyan los precios de las acciones en tiempos de recesión. Las acciones que pagan dividendos también tienen un rendimiento superior durante los mercados bajistas y las recesiones. La razón por la que las acciones de dividendos tienen un rendimiento superior cuando el mercado está funcionando mal es porque si los precios de las acciones caen, los inversionistas se sentirán atraídos a comprar más en las acciones debido solo al rendimiento. Además de eso, dado que las tasas de interés también se ven influenciadas significativamente cuando los mercados tienen un desempeño deficiente, las acciones de dividendos ofrecen tasas libres de riesgo, lo que las convierte en una opción más viable.

Los dividendos previenen la mala distribución de capital

Cuando los inversionistas invierten en acciones de dividendos de la compañía, no solo esperan recibir un pago a cambio, sino que también esperan que los dividendos crezcan. Por lo tanto, los administradores en esos casos hacen todo lo posible para asegurarse de no solo esperan recibir un pago a cambio, sino que también esperan que los dividendos crezcan. Por lo tanto, los gerentes en tales casos hacen todo lo posible para asegurarse de que la empresa pueda devolver los dividendos a sus accionistas y aumentar aún más su confianza.

Dividendos gravados a una tasa más baja

Los dividendos resultan ser más eficientes en impuestos en comparación con los bonos y otras opciones de inversión. Las personas que se encuentran en los niveles más bajos no pagan el impuesto federal sobre la renta por los dividendos. Y para los individuos que están por debajo de la marca del 35% en el tramo de impuesto sobre la renta, los dividendos solo se gravan al 15%. Aunque no se puede decir que la misma situación favorable a los impuestos dure para siempre, definitivamente es un bono para los inversionistas de dividendos.

Algunos peligros y riesgos asociados a la inversión en el crecimiento de los dividendos

Impuestos dobles

Uno de los principales inconvenientes de la inversión de dividendos es que los dividendos están sujetos a una doble imposición. El primer caso es cuando se reciben los dividendos porque la compañía que los paga está pagando dividendos de sus ingresos netos sobre los que tiene que pagar impuestos sobre las ganancias anuales. El segundo caso de imposición se produce cuando usted, como inversionista, debe pagar el impuesto sobre la renta de las personas físicas por los dividendos que gana durante el año fiscal. Esto significa que usted está pagando impuestos dos veces, una como propietario parcial y la otra como individuo.

Tasa de crecimiento

Esta es una consideración importante cuando se examina a las compañías para determinar sus inversiones. La tasa de crecimiento destaca la tasa a la que el precio de las acciones de una compañía específica se ve afectado durante un período de tiempo. Los inversionistas necesitan evaluar el historial de crecimiento de la tasa de dividendo al tomar decisiones de compra. Dado que la reducción de las tasas de dividendo puede afectar negativamente a la cotización de las acciones de la compañía, es probable que una compañía aumente los dividendos solo en los casos en que pueda mantener los mayores beneficios.

La tasa de crecimiento se calcula comprobando el porcentaje del dividendo que una compañía ha aumentado anualmente.

Los dividendos no están garantizados a diferencia de los intereses

A menudo se dice que los dividendos son el "nuevo interés", aunque esto no es totalmente correcto. Los intereses resultan ser acordados contractualmente, mientras que los dividendos resultan ser pagos voluntarios realizados por las compañías correspondientes, que pueden ser suprimidos en cualquier momento. Dado que los dividendos son básicamente una compañía que comparte sus ganancias con el accionista, una compañía solo les pagará si ha obtenido alguna ganancia.

Efectos de los cambios en la política de dividendos

Cuando una compañía que está pagando dividendos hace ciertos cambios en sus políticas de dividendos, especialmente cuando se trata de recortar o eliminar los pagos, va a tener un efecto negativo en el precio de las acciones de la compañía. Es un hecho bien conocido que los inversionistas están muy preocupados por las políticas de dividendos y cualquier cambio que pueda tener lugar. Por lo tanto, se verán atraídos a vender o comprar dividendos en función de los cambios que se produzcan en las políticas de dividendos. Si una compañía tiene la intención de reducir sus dividendos, los inversionistas recibirán menos ganancias.

Los inversionistas no pueden controlar los dividendos

A diferencia de las acciones, los inversionistas de dividendos no tienen ningún control sobre los métodos de pago de sus inversiones. Por ejemplo, si la compañía decide cambiar su pago de efectivo a propiedad o liquidación, entonces es muy poco lo que el inversionista puede hacer para controlar el rendimiento de sus inversiones.

Estrategias para una inversión exitosa

Inversión en el crecimiento de los dividendos

Cualquier inversionista no busca ganancias a corto plazo sino también el rendimiento a largo plazo de su inversión. Si está invirtiendo en REIT, entonces también monitoreará el precio de su inversión. El valor de las acciones, así como el valor de su propiedad, debe aumentar gradual y consistentemente.

Al invertir en dividendos, opte por empresas compañías que tengan un mayor potencial de crecimiento. Su cartera debe incluir compañías que estén bien establecidas y puedan ofrecer resultados consistentes, pero también algunas compañías que tengan un gran potencial de crecimiento. Éstas son relativamente más arriesgadas que invertir en compañías experimentadas, pero también pueden ofrecer mayores rendimientos a largo plazo.

Una buena regla general sería mantener un cierto porcentaje para invertir en compañías con mayor potencial de crecimiento. Por ejemplo, usted podría decidir mantener el 30% de sus inversiones para tales compañías, y de esta manera, si la compañía o el número de nuevas compañías tienen un buen desempeño en el mercado de valores, usted obtendrá mayores rendimientos. Sin embargo, si no crecen a la tasa deseada o esperada, entonces no afectará su banco.

Estrategia de captura de dividendos

Esta estrategia se centra en los ingresos, donde los inversionistas se ocupan del comercio de acciones. Esta es una estrategia ideal para los comerciantes del día. A diferencia de las estrategias más comunes de compra y mantenimiento de acciones con pago de dividendos para obtener ingresos estables, esta es una estrategia que requiere un comercio activo. Un inversionista compra y vende acciones con más frecuencia con la esperanza de recibir dividendos por cada acción antes de volver a venderlas. En algunos casos, esto puede significar mantener una acción solo por un día incluso.

Los inversionistas de esta estrategia optan por dividendos que se pagan anualmente con el fin de generar mayores pagos. Esta es una estrategia adecuada para alguien que está dispuesto a participar activamente o que desea asociarse con un comerciante experimentado para tomar decisiones rápidas con respecto a sus inversiones. Un comerciante tendrá que leer y calcular los pagos de dividendos en los calendarios de dividendos a fin de evaluar el momento adecuado para comprar y vender dividendos de manera rentable a corto plazo.

CAPÍTULO 4

¿DEBERÍAS COMPRAR REIT?

Según los informes de S&P Global Market, las acciones del REIT han sido una de las inversiones más beneficiosas de la última década. En este momento, el rendimiento de los dividendos de los REIT ha sido del 4 por ciento, mientras que la tasa por acción ha subido al 32 por ciento. No es erróneo decir que, desde la Gran Depresión, los REIT han funcionado bastante bien, ya que las inversiones en propiedades siempre han estado en alza en todo el mundo.

Un ejemplo de ello es el de Simon Property Group Inc. que ha aumentado el pago de dividendos en efectivo por acción en 2 dólares. Del mismo modo, Alexandria Real Estate Equities y Omega Healthcare Investors Inc. también han aumentado significativamente el pago de dividendos.

Rendimiento superior - Razones

En los últimos tiempos, ha habido una drástica disminución de las inversiones en bonos, ya que los rendimientos siguen siendo bastante bajos. La mayoría de los inversionistas han reubicado sus activos en entidades que pagan mayores dividendos y se han beneficiado de ello. La mayor parte de esta reubicación ha sido de REIT debido a su estable y mayor rendimiento.

Además, como se supone que los REIT deben distribuir el 90 por ciento de sus ingresos a sus accionistas, el pago de dividendos, así como los rendimientos, son más altos en proporción. El cuadro a continuación revela el estado actual de los REIT de mayor rendimiento que han aumentado y mantenido continuamente una tendencia de pago de dividendos más alta.

Compañía	Retrans misión telegráfi ca de precios (Ticker)	Rendimiento de los dividendos	Rendi mient o del FFO	"Headro om"	Retorno total - 12 meses
Macerich Co.	MAC, +2.38%	10.26%	12.86 %	2.60%	-37%
Iron Mountain Inc.	IRM, +0,76%	7.19%	6.27 %	-0.92%	15%
Simon Property Group Inc.	SPG, - 0,26%	5.31%	7.97 %	2.66%	-6%

Kimco Realty Corp.	KIM, +0.68%	5.24%	6.69%	1.45%	53%
Host Hotels & Resorts Inc.	HST, +0.06%	4.77%	10.79%	6.02%	-7%
Weyerhaeuser Co.	WY, -2.52%	4.67%	1.70%	-2.97%	11%
Ventas Inc.	VTR, +0.10%	4.40%	5.43%	1.03%	39%
Vornado Realty Trust	VNO, -0,78%	4.15%	6.61%	2.47%	-1%
SL Green Realty Corp.	SLG, +0.15%	4.13%	8.33%	4.20%	-7%
HCP Inc.	US: HCP	3.94%	4.66%	0.72%	52%
Welltower Inc.	BIEN, -0,53%	3.79%	4.48%	0.70%	52%
Realty Income Corp.	O, 0.27%	3.42%	3.96%	0.55%	44%
Crown Castle International Corp	CCI, 0,43%	3.40%	4.18%	0.78%	38%
Regency Centers Corp.	REG, 0,19%	3.36%	5.51%	2.15%	15%
Public Storage	PSA, +0.19%	3.33%	4.44%	1.11%	27%
Digital Realty Trust Inc.	DLR, +0,12%	3.20%	4.96%	1.75%	24%
Extra Space Storage Inc.	EXR, 0,99%	3.12%	4.12%	1.00%	39%
Federal Realty Investment Trust	FRT, +0.04%	2.99%	4.49%	1.50%	21%
Boston Properties Inc.	BXP, -0,13%	2.90%	5.14%	2.24%	17%
Apartment Investment and Management Co. Class A	AIV, +0.11%	2.84%	4.69%	1.85%	34%

Mid-America Apartment Communities Inc.	MAA, -0.04%	2.82%	4.55%	1.73%	45%
UDR Inc.	UDR, +0.31%	2.76%	4.08%	1.33%	33%
AvalonBay Communities Inc.	**AVB, +0.00%**	2.74%	4.13%	1.39%	32%
Equity Residential	EQR, -0.29%	2.57%	3.88%	1.31%	43%
Alexandria Real Estate Equities Inc.	SON, +0.99%	2.55%	4.31%	1.77%	34%
Duke Realty Corp.	**DRE, +0.00%**	2.53%	4.08%	1.56%	28%
Essex Property Trust Inc.	ESS, +0.53%	2.36%	3.90%	1.54%	40%
Prologis Inc.	PLD, -1.09%	2.33%	3.60%	1.27%	48%
Equinix Inc.	EQIX, +2.35%	1.73%	3.85%	2.13%	41%
American Tower Corp.	AMT, +1.01%	1.59%	3.63%	2.04%	55%
SBA Communications Corp. Class A	SBAC, +0.01%	0.60%	3.30%	2.69%	60%
CBRE Group Inc. Class A	CBRE, +1.59%	0.00%	3.81%	3.81%	32%

Fuente: Factsheet[5]

Beneficios del REIT

Los REIT tienen muchos beneficios en comparación con otros tipos de acciones de dividendo. Son menos volátiles y ofrecen un mayor rendimiento para los

---

[5]https://www.marketwatch.com/story/these-stocks-have-the-highest-dividend-yields-in-the-hot-real-estate-sector-2019-10-24

inversionistas. A continuación, se examinan otras ventajas de la inversión en los REIT.

1.Modelo de negocio fiable

El REIT se basa en un modelo de negocio simple en el que las compañías alquilan lugares y reciben dinero en forma de rentas. Esta cantidad es luego distribuida entre los accionistas como dividendos. De acuerdo con las normas establecidas por los Principios de Contabilidad Generalmente Aceptados (GAAP), los REIT tienen que declarar sus ganancias en base a cada acción.

2. No hay problemas de gestión de la propiedad

Los inversionistas no tienen que administrar la propiedad, ya que es la compañía la que lo hace por ellos. El inversionista solo tiene que invertir en un capital y gestionar el pago de dividendos. Ser propietario no es un trabajo fácil. Debe ser el manitas, el jardinero y el arreglador de problemas de las 3 de la mañana de cualquier cosa y todo lo que pueda ir mal con la propiedad. Los REIT ofrecen retornos de alto rendimiento, pero sin todas esas molestias. Por el lado positivo, también ahorra dinero que puede haber tenido que gastar en un administrador de la propiedad.

3. Apreciación

Los precios de los bienes inmuebles y las entidades inmobiliarias aumentan con el tiempo. Las fluctuaciones del mercado a corto plazo y la inflación tienen un efecto mínimo sobre las acciones de renta variable. Y en caso de que el negocio inmobiliario se vea afectado, tiene un historial de recuperación después de un cierto período de agitación económica. De esta manera, el inversionista no solo disfruta de mayores dividendos en efectivo, sino también de la apreciación de la propiedad a lo largo del tiempo.

4. Alta distribución

La ley exige que los REIT distribuyan el 90 por ciento de sus ingresos a los accionistas y, por lo tanto, el pago de dividendos en efectivo es mayor que el de otras entidades. Se espera que los informes financieros sean auditados y, por lo tanto, se ha establecido un proceso mucho más transparente para los accionistas. Además, la inversión se realiza en activos tangibles y, por lo tanto, es más segura. Se ha informado de que los REIT han producido mayores rendimientos en comparación con los bonos de las compañías.

5. Resistencia a los desafíos

Los REIT han sobrevivido durante mucho tiempo a las condiciones del mercado, incluida la inestabilidad económica y la inflación, y se han mantenido constantes en términos de recompensar a sus accionistas. Porque el hecho es que, no importa con qué frecuencia cambien las tendencias del mercado, la gente seguirá necesitando un lugar para vivir y lugares de trabajo para operar sus negocios. Dado que la vivienda es una de las necesidades básicas de las personas, es muy poco probable que la demanda de los REIT y sus rendimientos se vean afectados negativamente a largo plazo.

6. Diversificación

Los REIT abarcan una amplia gama de inversiones inmobiliarias. Un inversionista puede comprar los REIT en múltiples áreas o tipos de propiedades diferentes, diversificando así su cartera y mitigando el riesgo. Esto no solo fomenta la inversión en varios activos, sino que también compensa el riesgo de invertir en un solo tipo.

Desventajas de invertir en REIT

Los REIT son una forma de inversión bastante estable en su mayor parte. Pero al igual que todos los negocios, hay desventajas específicas y riesgos involucrados también. Los siguientes son algunos de los principales riesgos y desventajas asociados con la inversión en los REIT.

1. Impuesto sobre la propiedad

Una de las mayores desventajas es que los inversionistas tienen que pagar el impuesto sobre la propiedad sobre los ingresos que generan como pago de dividendos en efectivo. El porcentaje del impuesto sobre la propiedad puede ser tan alto como el 25 por ciento. Otra gran desventaja es que este impuesto sobre la propiedad está sujeto a cambios y sigue fluctuando. El municipio puede decidir aumentar aún más los impuestos sobre la propiedad para compensar los costos más altos, como resultado de lo cual, su resultado final o los rendimientos pueden verse afectados.

Impuestos altos

Los pagos de dividendos en efectivo se consideran ingresos ordinarios y, por lo tanto, se gravan como tales. El porcentaje de impuesto sobre la renta ordinaria puede llegar hasta el 15%, y por lo tanto el inversionista tiene que desembolsar una cantidad considerable de dinero recibido como dividendos.

2. Alta tarifa de gestión

Una cosa de la que un inversionista debe ocuparse al invertir en REIT es que la comisión de gestión puede ser considerablemente alta. Un inversionista debe considerarlo como un gasto adicional además de los impuestos que se pagan. La administración de propiedades no es una tarea fácil, y aunque no estés directamente involucrado, todavía tendrás que ocuparte de los costos operativos que vienen con ella.

Tipos de inversiones de REIT

Ahora que has leído los pros y los contras de invertir en los REIT, deberías poder tomar una mejor decisión sobre si son o no la opción correcta para ti. El hecho es que, históricamente, los REIT están en la cima de las clases de activos de mejor rendimiento que existen. Los inversionistas estudian el índice FTSE NAREIT Equity REIT para comprender mejor el rendimiento del mercado inmobiliario en los Estados Unidos. El rendimiento promedio fue del 9.9% durante el período entre 1990 y 2010. Estas cifras solo han aumentado desde entonces. Se registró un 11.21% en 2013.

Existen 5 tipos de REIT, y deberá estudiarlos detenidamente antes de tomar una decisión sobre cuáles incluir en su cartera.

REIT de comercio minorista

Casi el 24% de todas las inversiones de REIT están en este sector. Esto incluye tiendas minoristas independientes, así como centros comerciales. Estos son uno de los mayores tipos de inversiones en América. Hay una gran posibilidad de que la mayoría de los centros comerciales que debe haber visitado en todo el país sean propiedad de una REIT. ¿Qué significa eso para usted? Significa que también puede ser dueño de una pequeña parte de esa inversión. Pero eso es solo la punta del iceberg.

Necesitará un conocimiento profundo de la industria, o la ayuda de un asesor profesional del REIT para entender mejor cómo funciona. En resumen, los beneficios de estos ingresos se generan de la renta pagada por los inquilinos del centro comercial.

En el lado negativo, los minoristas pueden retrasar los pagos debido a la falta de flujo de caja, o si el centro comercial no alquila muchas de sus ofertas comerciales, entonces las devoluciones se verán afectadas negativamente. Por lo tanto, antes de que pueda invertir ciegamente en el comercio minorista, tendrá que asegurarse de que su elección de la entidad minorista está efectivamente haciendo beneficios estables. Un pequeño vistazo a los balances de la entidad y a su ratio de deuda, y deberías ser capaz de entender mejor cómo se está comportando.

REIT residenciales

Estas incluyen propiedades que se construyen con fines residenciales y pueden incluir edificios de apartamentos de alquiler. Nuevamente, esta opción también tiene su parte justa de riesgo involucrada. Necesitará encontrar edificios ubicados en áreas donde la asequibilidad de la vivienda sea comparativamente menor. Hacerlo aseguraría que las posibilidades de que el edificio se alquilara todas las estaciones fueran mayores.

La asequibilidad de las viviendas es generalmente menor en ciudades grandes como Los Ángeles y Nueva

York, ya que el costo de la propiedad es mucho mayor en comparación con las ciudades más pequeñas. Estos altos costos de propiedad llevan a la gente a alquilar.

Las propiedades en las zonas rurales pueden ofrecer un mayor rendimiento del REIT para atraer a los inversionistas, pero las posibilidades de que el mercado fluctúe o de que la propiedad permanezca vacía son mucho mayores en comparación con los complejos residenciales de las grandes ciudades.

Las grandes ciudades están lo suficientemente pobladas como para que sea más fácil encontrar inquilinos durante todo el año. La disminución de las tasas de vacantes y el aumento de los alquileres en los últimos tiempos son prueba suficiente de que los REIT residenciales, cuando se invierten incorrectamente, pueden producir rendimientos estables y sostenibles.

REIT de atención médica

Como su nombre lo indica, estos incluyen los bienes raíces de centros médicos, hospitales, casas de retiro y centros de enfermería. El éxito de la inversión en este tipo de REIT depende principalmente de la financiación de la atención sanitaria, ya que la mayoría de los beneficios se generarán a partir de los reembolsos de Medicaid y Medicare, las tasas de ocupación, y el pago privado.

REIT de oficina

Esta es una opción poco común, pero que puede producir los beneficios correctos cuando se invierte incorrectamente. Los REIT de oficina generan flujo de efectivo al recibir ingresos por alquiler de los inquilinos de la oficina. La principal ventaja de este tipo de estructura es que una vez ocupada, hay relativamente menos posibilidades de que una oficina se traslade a otro lugar a corto plazo. Por supuesto, esta no es una regla difícil y rápida, pero las posibilidades son más escasas, lo que lleva a un flujo de ingresos más estable. Una vez más, tendrá que hacer una investigación en profundidad sobre las tasas de vacantes de oficinas, las condiciones económicas y el aumento de los mercados laborales para poder invertir de manera inteligente y rentable.

REIT hipotecarios

Esta es una opción menos conocida y aún menos empleada. Solo el 10% de todas las inversiones de REIT consisten en una hipoteca. Esta es la única opción de REIT que se beneficia de una hipoteca en lugar de la equidad. A primera vista, uno podría pensar que es una opción infalible ya que las hipotecas tendrán que ser pagadas regularmente; por lo tanto, habría menos posibilidades de fluctuación de dividendos. Sin embargo, en casos de tipos de interés más altos, el valor contable del REIT hipotecario será más bajo, lo que hará que los precios de las acciones también se desplomen.

CAPÍTULO 5

CONSTRUYENDO UNA CARTERA DE JUBILACIÓN ANTICIPADA

Invertir en acciones de dividendos no es diferente a buscar una casa para comprar. Como inversionista, le gustaría obtener la máxima ventaja y recompensa de su inversión mientras minimiza los riesgos asociados. De la misma manera, la mayoría de las personas, especialmente cuando se acercan a su período de jubilación, están buscando planes de inversión que puedan cumplir con sus requisitos financieros y convertirse en una fuente regular de ingresos.

Los inversionistas que construyen carteras de jubilación suelen buscar opciones como invertir en bonos, bienes raíces, dividendos, etc. La esencia de todas estas opciones es tomar decisiones que reducirán el riesgo, aumentarán las ganancias y podrán crear un flujo constante de los ingresos que vienen de la jubilación.

La tolerancia al riesgo es otro factor importante. Cada inversionista tiene una tolerancia diferente al riesgo. Mientras que algunos son tomadores de riesgos, otros son más conservadores o cautelosos por naturaleza. Las decisiones de inversión también tienen en cuenta otras consideraciones como la edad, las metas financieras y las preferencias personales.

Factores que considerar

Su edad

Puede correr mayores riesgos a una edad más temprana, ya que tendrá tiempo para rectificar o cosechar sus decisiones en una etapa posterior. Por ejemplo, digamos que has invertido en bienes raíces cuando la economía no va tan bien. Pero el hecho es que estarás ganando capital. Digamos que le quedan 30 años para jubilarse, hay una buena posibilidad de que el mercado de bienes raíces suba en algún momento, y que usted pueda cobrar su inversión y tomar mejores decisiones con ella.

Sus objetivos

Para prepararse para el futuro, necesita saber cómo le gustaría que se vea. Podrá planificar mejor sus inversiones una vez que haya planeado su futuro. Por ejemplo, si desea jubilarse anticipadamente, ser propietario de su casa para ese momento y tener una cartera de inversiones diversificada para ese entonces,

entonces es probable que necesite invertir una mayor parte de sus ingresos mensuales para hacerlo.

Sin embargo, si solo está buscando dinero en efectivo estable para ayudarlo a mantener su estilo de vida simple después de la jubilación tardía, entonces es probable que pueda salirse con la suya invirtiendo solo un poco cada mes.

Su tolerancia al riesgo

Algunas personas son arriesgadas, mientras que otras son pusilánimes. Para un inversionista de la segunda categoría, es importante invertir en opciones de bajo riesgo.

Sus ingresos mensuales

Las decisiones de inversión también dependen de la riqueza. Una persona dispuesta a invertir puede tener cuentas y gastos que cubrir y, por lo tanto, debe considerar jugar a lo seguro. Si la cantidad de riqueza es insuficiente, tal vez la mejor manera de mantenerse seguro es evitar hacer un alto nivel de inversiones.

Pensamientos sobre la jubilación

En un panorama global y económico altamente volátil e impredecible, las personas han comenzado a depender de las opciones de ingresos secundarios. Anteriormente, las personas no se habrían preocupado mucho por invertir a una edad más temprana, y los jubilados tendrían muchas opciones para elegir. Sin embargo, la situación ha cambiado, y la gente ha empezado a pensar en planes de inversión efectivos para la jubilación con mucha antelación. Algunas de las preguntas que un individuo tiene en mente con respecto a la jubilación son:

- ¿Cuánto debo ahorrar ahora para vivir una vida cómoda después de la jubilación?

- ¿Cómo puedo hacer que mis ganancias de jubilación duren?

- ¿Cuánto debo ahorrar cada mes para llegar a una cantidad razonable para cubrir las necesidades de la jubilación?

- ¿Cuáles son las formas en que puedo ganar un ingreso razonable y constante con mis ahorros?

Teniendo en cuenta tantas preguntas, un inversionista puede buscar respuestas para considerar una estrategia de inversión de dividendos eficiente y eficaz que pueda producir un flujo de ingresos regular. La inversión en acciones es un proceso y consiste en varios pasos y algunos factores importantes que deben considerarse. Las siguientes secciones proporcionarán un análisis en profundidad de estas y facilitarán a los jubilados o empleados cercanos a la jubilación una amplia información para tomar decisiones racionales.

El momento adecuado para invertir

El momento adecuado para invertir es lo más pronto posible, probablemente tan pronto como termines la escuela. Incluso las pequeñas inversiones seguirán generando un pequeño pero constante ingreso y conducirán a la capitalización. Imagina que empiezas a ahorrar 1.000 dólares cada año a partir de los 26 años con una tasa de rendimiento anual del 7 por ciento. En los próximos diez años, sus ahorros podrían aumentar y agravarse muchas veces. Cuanto antes invierta, más alto será el rendimiento que generará en la jubilación. ¡Quizás incluso pueda retirarse antes!

Conocer la mezcla correcta

Las acciones, los bonos y los fondos mutuos son algunas de las opciones que un inversionista puede considerar para tener un plan de inversión basado en la jubilación. Lo ideal sería que su cartera consistiera en una mezcla de acciones y dividendos de diferentes industrias y sectores. Los fondos mutuos y los bonos son mucho más arriesgados en el sentido de que la volatilidad económica puede afectar significativamente al rendimiento. Sin embargo, la inversión de dividendos puede ayudar a contrarrestar el riesgo siempre que la inversión se realice en las compañías adecuadas.

¿Determinar cuánto quieres ganar?

La cartera de inversionistas depende en gran medida de cuánto dinero quiere ganar. Aquí es donde determina sus objetivos a corto y largo plazo. Cualquier forma de inversión sin un plan tiene muy pocas posibilidades de éxito. Así que realmente necesitaría tener un plan. Sepa cuánto quiere ganar para poder llevar el estilo de vida que ha imaginado y planeado para usted mismo. Digamos que le gustaría generar un flujo de efectivo de 5000 dólares por mes, luego necesitaría planificar e invertir en consecuencia. Lo siguiente es todo lo que necesita saber sobre cómo hacer cálculos específicos para inversiones de dividendos:

Cálculo del rendimiento y la relación de los dividendos

El rendimiento de los dividendos se obtiene aplicando una fórmula simple de dividir el pago de dividendos por acción por el valor actual de mercado de la acción. Es la cantidad que las compañías han pagado a sus accionistas. La fórmula simple para calcular la rentabilidad de los dividendos es la siguiente:

Rendimiento de los dividendos = Dividendo por acción / Valor de mercado por acción

Por ejemplo, el valor comercial de las acciones de la compañía XYZ es de 45 dólares. Esto resulta en un dividendo trimestral de 0.30 dólares por acción.

98

Teniendo en cuenta estos valores, el rendimiento del dividendo sería del 2.7%. La proporción de rendimiento de dividendo debe ser calculada para las compañías dentro de la misma industria. El nivel de rendimiento de los dividendos depende también del tipo de industria y puede ser descrito de la siguiente manera:

❖ Utilidades 3.96%

❖ Industria de la salud 2.28%

❖ Servicios financieros 4.17%

❖ Industria tecnológica 3.1%

❖ Industria de materiales 4.8%

Cómo interpretar la fórmula de rendimiento de los dividendos

La fórmula de rendimiento de los dividendos es esencial para proporcionar una visión del flujo de caja relativo a la inversión en las acciones de la compañía. La compañía con una mayor rentabilidad de dividendos no siempre se refiere al potencial de crecimiento futuro. Por ejemplo, una empresa que ya ha alcanzado la etapa de madurez no tendría ninguna ventaja en invertir más y, por lo tanto, puede pagar significativamente a sus accionistas. No existen criterios para juzgar qué tan buena o mala es una empresa al aplicar la fórmula de rendimiento de dividendos, pero debe tenerse en cuenta al tomar decisiones de inversión.

Trampa de valores

La compañía con mayores rendimientos significa que la cantidad que se entrega a los accionistas es un capital que no se reinvierte para su crecimiento. Pero esto no siempre es así, ya que un alto rendimiento de los dividendos también puede significar que el precio de las acciones está disminuyendo. Esta situación se conoce como una trampa de valor, por lo que el inversionista debe investigar a fondo las razones de tan inusual alto rendimiento. Tal vez la caída del precio de las acciones puede revelar que la compañía está pasando por una crisis financiera.

No todas las compañías con mayor rendimiento son malas.

Algunos de los rendimientos más altos pertenecen al tipo de industria. Por ejemplo, los REIT y los MLP tienen un rendimiento de dividendos significativamente más alto porque las leyes estatales hacen necesario que estas compañías compartan una cantidad significativa de sus ganancias con los accionistas.

Pero espera...

Algunas compañías también pueden mostrar mayores rendimientos para atraer a los inversionistas y luego no cumplir lo que prometieron. Lo ideal es que el inversionista realice un análisis de la historia de la tasa de crecimiento de la compañía para tomar mejores decisiones.

Tasa de pago de dividendos (DPR)

El término se refiere a la cantidad total que una compañía comparte con sus accionistas después de recibir las ganancias corporativas. Hay varias fórmulas para calcular la relación de pago de dividendos.

DPR = importe de los dividendos / ganancias de la compañía

DPR = 1 - Tasa de retención

Ejemplo

Por ejemplo, la compañía XYZ ha declarado sus ganancias anuales de 100,000 dólares. El mismo año la compañía ha pagado 20,000 dólares como dividendos a los accionistas. Por lo tanto, la relación de pago de dividendos sería:

DPR= 20,000 / 100,000 = 20 %

Según este ejemplo, el 20 % es el coeficiente de distribución de dividendos que la compañía ha repartido entre sus accionistas, mientras que el 80 % restante es la cantidad que la compañía retiene para el crecimiento de su negocio y se conoce como beneficios retenidos.

Ingresos netos: 20,000 dólares

Ganancias retenidas: 15,000 dólares

Pago de dividendos: $ 5,000

Cómo interpretar el DPR

La DPR es una consideración importante para que los inversionistas determinen si una inversión vale la pena. Los dividendos y las ganancias de capital son dos fuentes de las que los inversionistas reciben sus beneficios.

Un porcentaje menor de DPR se refiere al hecho de que la compañía está reinvirtiendo más dinero en el negocio para una mayor expansión. Esta es una opción adecuada para personas que buscan un aumento en el valor de las acciones en lugar del pago de dividendos. Esta es una opción adecuada para invertir en planes de jubilación.

El nivel más alto de DPR muestra exactamente lo contrario. Significa que la compañía está dando un gran número de sus ganancias a los accionistas mientras que retiene una cantidad menor para reinvertir. Esas compañías atraen a inversionistas que buscan ingresos por dividendos en lugar de un aumento del precio de las acciones a lo largo de los años.

Los factores de sostenibilidad

La relación de pago de dividendos también es esencial para evaluar el nivel de sostenibilidad del dividendo. Es bastante raro que las compañías disminuyan la proporción de pago porque eso reduciría el precio de las acciones. Durante una recesión económica, la compañía puede verse obligada a reducir el DPR, especialmente cuando ha estado pagando más del cien por cien a sus accionistas. La compañía desea conservar el porcentaje de sus ganancias para mitigar los riesgos asociados con la desaceleración económica. Por lo tanto, la compañía debe tener en cuenta las expectativas de los inversionistas y el resultado futuro de la fluctuación de los precios de las acciones al establecer el DPR.

Rendimiento de los dividendos vs. Tasa de pago de los dividendos

Ambos términos se utilizan para medir los dividendos. Sin embargo, el DPR se refiere a la cantidad que la compañía paga como dividendos a los accionistas, mientras que la rentabilidad de los dividendos se refiere a la tasa de rendimiento. Se considera que el DPR es un mejor indicador de los resultados de una compañía, ya que está directamente vinculado a la corriente de efectivo. En cuanto a la rentabilidad de los dividendos, es el porcentaje del pago de dividendos por la compañía a lo largo de un año. Mientras que el DPR se muestra como una cantidad en dólares, la rentabilidad de los dividendos se expresa en forma de porcentaje.

Estrategias de inversión basadas en el rendimiento de los dividendos

El rendimiento relativo de los dividendos

Esta estrategia fue desarrollada por Anthony Spare en el decenio de 1960, cofundador de Spare, Kaplan, Bischel& Associates, y utiliza la estrategia de valor patrimonial para centrarse en las acciones que tienen un rendimiento de dividendos relativamente más alto. Spare aconseja a los inversionistas que presten atención a esas acciones, aunque esta estrategia no es adecuada para el inversionista que busca recompensas a corto plazo porque es una estrategia a largo plazo que se extiende hasta 5 años y no depende de la evaluación del rendimiento pasado o de las oportunidades de crecimiento futuro. Según esta estrategia, los inversionistas deben optar por invertir en compañías más grandes y luego dejar que sus inversiones maduren porque esas compañías han mantenido con éxito su flujo de efectivo, incluso durante las situaciones económicas turbulentas y, por lo tanto, son lo suficientemente estables como para ofrecer rendimientos óptimos.

Esta estrategia sugiere que las acciones deben ser compradas cuando su rendimiento es 50% más alto en comparación con el mercado. También se refiere a una menor volatilidad porque los inversionistas mantienen las acciones por períodos más largos y consideran las compañías maduras y bien establecidas que han experimentado todo tipo de condiciones económicas.

La estrategia de Geraldine Weiss

Conocida como la Gran Dama de los Dividendos, la principal experta en inversión de dividendos, Geraldine Weiss, sugiere a los inversionistas que compren las acciones cuando los rendimientos son altos y los vendan a sus mínimos extremos. El enfoque de Weiss pertenece a las acciones de primera categoría y es más bien una estrategia conservadora que utiliza la herramienta de activos de rendimiento de dividendos para medir el valor de las acciones. De esta manera, un inversionista puede conocer la dirección del mercado, así como el valor de la compañía.

Los Perros del Dow

La estrategia fue desarrollada por Michael O'Higgins en 1991 y se refería al concepto de que el rendimiento de los dividendos de una acción es inversamente proporcional al precio de esta. En otras palabras, el rendimiento de los dividendos de las acciones aumenta a medida que el precio de la acción cae.

De acuerdo con esta estrategia, los inversionistas deben considerar la posibilidad de invertir en las 10 acciones de mayor rendimiento de dividendos y reequilibrarlas cada año. La estrategia consiste en que las compañías bien establecidas no fluctúen sus pagos de dividendos según las fluctuaciones del mercado. Hay que tener en cuenta que las compañías con mayor rendimiento de dividendos han llegado aparentemente al fondo del ciclo económico y, por lo tanto, el precio de las acciones aumentará a un ritmo exponencial.

La Lista de Logros en Dividendos

Esta estrategia tiene un enfoque simple, ya que se refiere a las compañías bien establecidas y orientadas al rendimiento que tienen un historial probado de crecimiento comercial y de dividendos cada año. Para entrar en el índice de compañías que logran dividendos, la compañía debe tener por lo menos 10 años de crecimiento consecutivo y debe cotizar en una de las bolsas de valores bien establecidas. En la actualidad, la lista de "logros en dividendos" consta de más de 250 compañías, en comparación con 19 en la lista de "Dividend King Lost" y 52 en la de "Dividend Aristocrats". A continuación, se encuentra la lista de

Dividendos Ganadores para el año 2019

Cartera de retransmisió n telegráfica de precios	Nombre	Sector
VZ	Verizon Communications Inc	Servicios de comunicación
T	AT&T Inc	Servicios de comunicación
CMCSA	Comcast Corp	Servicios de comunicación
TDS	Telephone & Data Systems Inc	Servicios de comunicación
MDP	Meredith Corp	Servicios de comunicación
JW/A	John Wiley & Sons Inc	Servicios de comunicación
MCD	McDonald's Corp	Consumidor discrecional
NKE	NIKE Inc	Consumidor discrecional
BAJA	Lowe's Cos Inc	Consumidor discrecional
TJX	TJX Cos Inc/The	Consumidor discrecional
TGT	Target Corp	Consumidor discrecional
ROST	Ross Stores Inc	Consumidor discrecional
VFC	VF Corp	Consumidor discrecional
BBY	Best Buy Co Inc	Consumidor discrecional
GPC	Genuine Parts Co	Consumidor discrecional
TIF	Tiffany & Co	Consumidor discrecional
HAS	Hasbro Inc	Consumidor discrecional
COLM	Columbia Sportswear Co	Consumidor discrecional
PII	Polaris Industries Inc	Consumidor discrecional
LEG	Leggett & Platt Inc	Consumidor discrecional
WSM	Williams-Sonoma Inc	Consumidor discrecional
CBRL	Cracker Barrel Old Country Store Inc	Consumidor discrecional
AAN	Aaron's Inc	Consumidor discrecional

MNRO	Monro Inc	Consumidor discrecional
ISCA	International Speedway Corp	Consumidor discrecional
WMT	Walmart Inc	Productos de primera necesidad
PG	Procter & Gamble Co/The	Productos de primera necesidad
KO	Coca-Cola Co/The	Productos de primera necesidad
PEP	PepsiCo Inc	Productos de primera necesidad
PM	Philip Morris International Inc	Productos de primera necesidad
COSTES	Costco Wholesale Corp	Productos de primera necesidad
MO	Altria Group Inc	Productos de primera necesidad
CL	Colgate-Palmolive Co	Productos de primera necesidad
WBA	Walgreens Boots Alliance Inc	Productos de primera necesidad
KMB	Kimberly-Clark Corp	Productos de primera necesidad
SYY	Sysco Corp	Productos de primera necesidad
GIS	General Mills Inc	Productos de primera necesidad
ADM	Archer-Daniels-Midland Co	Productos de primera necesidad
HRL	Hormel Foods Corp	Productos de primera necesidad
K	Kellogg Co	Productos de primera necesidad
CLX	Clorox Co/The	Productos de primera necesidad
KR	Kroger Co/The	Productos de primera necesidad

MKC	McCormick & Co Inc/MD	Productos de primera necesidad
CHD	Church & Dwight Co Inc	Productos de primera necesidad
BF/B	Brown-Forman Corp	Productos de primera necesidad
SJM	JM Smucker Co/The	Productos de primera necesidad
BG	Bunge Ltd	Productos de primera necesidad
CASY	Casey's General Stores Inc	Productos de primera necesidad
FLO	Flowers Foods Inc	Productos de primera necesidad
LANC	Lancaster Colony Corp	Productos de primera necesidad
JJSF	J&J Snack Foods Corp	Productos de primera necesidad
NUS	Nu Skin Enterprises Inc	Productos de primera necesidad
TR	Tootsie Roll Industries Inc	Productos de primera necesidad
VGR	Vector Group Ltd	Productos de primera necesidad
UVV	Universal Corp/VA	Productos de primera necesidad
ANDE	Andersons Inc/The	Productos de primera necesidad
XOM	Exxon Mobil Corp	Energía
CVX	Chevron Corp	Energía
EPD	Enterprise Products Partners LP	Energía
OXY	Occidental Petroleum Corp	Energía
ET	Energy Transfer LP	Energía
OKE	ONEOK Inc	Energía

MMP	Magellan Midstream Partners LP	Energía
HP	Helmerich & Payne Inc	Energía
HEP	Holly Energy Partners LP	Energía
CB	Chubb Ltd	Finanzas
SPGI	S&P Global Inc	Finanzas
PRU	Prudential Financial Inc	Finanzas
AFL	Aflac Inc	Finanzas
TRV	Travelers Cos Inc/The	Finanzas
LANZAMIE NTO	T Rowe Price Group Inc	Finanzas
AMP	Ameriprise Financial Inc	Finanzas
BEN	Franklin Resources Inc	Finanzas
PFG	Principal Financial Group Inc	Finanzas
CINF	Cincinnati Financial Corp	Finanzas
WRB	WR Berkley Corp	Finanzas
FDS	FactSet Research Systems Inc	Finanzas
TMK	Torchmark Corp	Finanzas
AFG	American Financial Group Inc/OH	Finanzas
SEIC	SEI Investments Co	Finanzas
BRO	Brown & Brown Inc	Finanzas
IVZ	Invesco Ltd	Finanzas
ERIE	Erie Indemnity Co	Finanzas
UNM	Unum Group	Finanzas
CBSH	Commerce Bancshares Inc/MO	Finanzas
CFR	Cullen/Frost Bankers Inc	Finanzas
PBCT	People's United Financial Inc	Finanzas
ORI	Old Republic International	Finanzas

	Corp	
RNR	Renaissance Re-Holdings Ltd	Finanzas
AIZ	Assurant Inc	Finanzas
BOKF	BOK Financial Corp	Finanzas
PB	Prosperity Bancshares Inc	Finanzas
EV	Eaton Vance Corp	Finanzas
THG	Hanover Insurance Group Inc/The	Finanzas
AXS	Axis Capital Holdings Ltd	Finanzas
LAZ	Lazard Ltd	Finanzas
UBSI	United Bankshares Inc/WV	Finanzas
OZK	Bank OZK	Finanzas
EVR	Evercore Inc	Finanzas
UMBF	UMB Financial Corp	Finanzas
RLI	RLI Corp	Finanzas
CBU	Community Bank System Inc	Finanzas
MCY	Mercury General Corp	Finanzas
AEL	American Equity Investment Life Holding Co	Finanzas
BANF	BancFirst Corp	Finanzas
WABC	Westamerica Bancorporation	Finanzas
TMP	Tompkins Financial Corp	Finanzas
SRCE	1st Source Corp	Finanzas
SBSI	Southside Bancshares Inc	Finanzas
CTBI	Community Trust Bancorp Inc	Finanzas
BMRC	Bank of Marin Bancorp	Finanzas
FLIC	First of Long Island Corp/The	Finanzas

WHG	Westwood Holdings Group Inc	Finanzas
JNJ	Johnson & Johnson	Cuidado de la salud
ABT	Abbott Laboratories	Cuidado de la salud
MDT	Medtronic PLC	Cuidado de la salud
SYK	Stryker Corp	Cuidado de la salud
BDX	Becton Dickinson and Co	Cuidado de la salud
MCK	McKesson Corp	Cuidado de la salud
ABC	AmerisourceBergen Corp	Cuidado de la salud
CAH	Cardinal Health Inc	Cuidado de la salud
WST	West Pharmaceutical Services Inc	Cuidado de la salud
PRGO	Perrigo Co PLC	Cuidado de la salud
CHE	Chemed Corp	Cuidado de la salud
ENSG	Ensign Group Inc/The	Cuidado de la salud
ATRI	Atrion Corp	Cuidado de la salud
NHC	National HealthCare Corp	Cuidado de la salud
MMM	3M Co	Industriales
UNP	Union Pacific Corp	Industriales
UTX	United Technologies Corp	Industriales
LMT	Lockheed Martin Corp	Industriales
CAT	Caterpillar Inc	Industriales
CSX	CSX Corp	Industriales
RTN	Raytheon Co	Industriales
FDX	FedEx Corp	Industriales
ITW	Illinois Tool Works Inc	Industriales
GD	General Dynamics Corp	Industriales
NOC	Northrop Grumman Corp	Industriales
EMR	Emerson Electric Co	Industriales
WM	Waste Management Inc	Industriales

ROP	Roper Technologies Inc	Industriales
RSG	Republic Services Inc	Industriales
CMI	Cummins Inc	Industriales
SWK	Stanley Black & Decker Inc	Industriales
CTAS	Cintas Corp	Industriales
HRS	Harris Corp	Industriales
RÁPIDO	Fastenal Co	Industriales
GWW	WW Grainger Inc	Industriales
DOV	Dover Corp	Industriales
ROL	Rollins Inc	Industriales
EXPD	Expeditors International of Washington Inc	Industriales
CHRW	CH Robinson Worldwide Inc	Industriales
JBHT	JB Hunt Transport Services Inc	Industriales
GGG	Graco Inc	Industriales
NDSN	Nordson Corp	Industriales
RHI	Robert Half International Inc	Industriales
AOS	AO Smith Corp	Industriales
TTC	Toro Co/The	Industriales
CSL	Carlisle Cos Inc	Industriales
HUBB	Hubbell Inc	Industriales
DCI	Donaldson Co Inc	Industriales
LECO	Lincoln Electric Holdings Inc	Industriales
ITT	ITT Inc	Industriales
HEI	HEICO Corp	Industriales
MSA	MSA Safety Inc	Industriales
MSM	MSC Industrial Direct Co Inc	Industriales

RBC	Regal Beloit Corp	Industriales
R	Ryder System Inc	Industriales
HI	Hillenbrand Inc	Industriales
HCSG	Healthcare Services Group Inc	Industriales
ABM	ABM Industries Inc	Industriales
BRC	Brady Corp	Industriales
FELE	Franklin Electric Co Inc	Industriales
MGRC	McGrath RentCorp	Industriales
MATW	Matthews International Corp	Industriales
TNC	Tennant Co	Industriales
LNN	Lindsay Corp	Industriales
GRC	Gorman-Rupp Co/The	Industriales
MSFT	Microsoft Corp	Tecnología de la información
V	Visa Inc	Tecnología de la información
IBM	International Business Machines Corp	Tecnología de la información
ACN	Accenture PLC	Tecnología de la información
TXN	Texas Instruments Inc	Tecnología de la información
ADP	Automatic Data Processing Inc	Tecnología de la información
QCOM	QUALCOMM Inc	Tecnología de la información
ADI	Analog Devices Inc	Tecnología de la información
XLNX	Xilinx Inc	Tecnología de la información
MCHP	Microchip Technology Inc	Tecnología de la información
MXIM	Maxim Integrated	Tecnología de la

	Products Inc	información
BR	Broadridge Financial Solutions Inc	Tecnología de la información
JKHY	Jack Henry & Associates Inc	Tecnología de la información
IMC	Badger Meter Inc	Tecnología de la información
CASS	Cass Information Systems Inc	Tecnología de la información
ECL	Ecolab Inc	Materiales
APD	Air Products & Chemicals Inc	Materiales
SHW	Sherwin-Williams Co/The	Materiales
PPG	PPG Industries Inc	Materiales
NUE	Nucor Corp	Materiales
IFF	International Flavors & Fragrances Inc	Materiales
WLK	Westlake Chemical Corp	Materiales
Cartera de retransmisión telegráfica de precios	Nombre	Sector
ALB	Albemarle Corp	Materiales
RPM	RPM International Inc	Materiales
ATR	AptarGroup Inc	Materiales
SON	Sonoco Products Co	Materiales
RGLD	Royal Gold Inc	Materiales
SLGN	Silgan Holdings Inc	Materiales
BCPC	Balchem Corp	Materiales
SXT	Sensient Technologies Corp	Materiales
KWR	Quaker Chemical Corp	Materiales
FUL	HB Fuller Co	Materiales
SCL	Stepan Co	Materiales

HWKN	Hawkins Inc	Materiales
DLR	Digital Realty Trust Inc	Bienes raíces
O	Realty Income Corp	Bienes raíces
ESS	Essex Property Trust Inc	Bienes raíces
WPC	WP Carey Inc	Bienes raíces
ELS	Equity LifeStyle Properties Inc	Bienes raíces
FRT	Federal Realty Investment Trust	Bienes raíces
NNN	National Retail Properties Inc	Bienes raíces
OHI	Omega Healthcare Investors Inc	Bienes raíces
NHI	National Health Investors Inc	Bienes raíces
SKT	Tanger Factory Outlet Centers Inc	Bienes raíces
UHT	Universal Health Realty Income Trust	Bienes raíces
UBA	Urstadt Biddle Properties Inc	Bienes raíces
NEE	NextEra Energy Inc	Utilidades
DUK	Duke Energy Corp	Utilidades
D	Dominion Energy Inc	Utilidades
SO	Southern Co/The	Utilidades
XEL	Xcel Energy Inc	Utilidades
ED	Consolidated Edison Inc	Utilidades
WEC	WEC Energy Group Inc	Utilidades
PPL	PPL Corp	Utilidades
ES	Eversource Energy	Utilidades
EIX	Edison International	Utilidades
AWK	American Water Works Co Inc	Utilidades

CMS	CMS Energy Corp	Utilidades
CNP	CenterPoint Energy Inc	Utilidades
EVRG	Evergy Inc	Utilidades
ATO	Atmos Energy Corp	Utilidades
BIP	Brookfield Infrastructure Partners LP	Utilidades
LNT	Alliant Energy Corp	Utilidades
UGI	UGI Corp	Utilidades
OGE	OGE Energy Corp	Utilidades
WTR	Aqua America Inc	Utilidades
NFG	National Fuel Gas Co	Utilidades
MDU	MDU Resources Group Inc	Utilidades
POR	Portland General Electric Co	Utilidades
SWX	Southwest Gas Holdings Inc	Utilidades
BKH	Black Hills Corp	Utilidades
NJR	New Jersey Resources Corp	Utilidades
SR	Spire Inc	Utilidades
NWE	NorthWestern Corp	Utilidades
APU	AmeriGas Partners LP	Utilidades
SJI	South Jersey Industries Inc	Utilidades
AWR	American States Water Co	Utilidades
CWT	California Water Service Group	Utilidades
MGEE	MGE Energy Inc	Utilidades
NWN	Northwest Natural Holding Co	Utilidades
SJW	SJW Group	Utilidades
CPK	Chesapeake Utilities Corp	Utilidades
MSEX	Middlesex Water Co	Utilidades

¿Cuándo desea jubilarse?

Vivir de los dividendos depende en gran medida de cuándo quieres retirarte, así como del estilo de vida que esperas mantener. Por ejemplo, un individuo puede tener como objetivo retirarse a los 50 años y pasar su tiempo viajando por el mundo. Esto puede ser diferente para otro inversionista que desea jubilarse a la edad estándar y quiere un flujo constante de ingresos después de la jubilación para cubrir los gastos. Ambos planes de jubilación atienden a diferentes cantidades de ingresos esperados, por lo tanto, un porcentaje diferente de ahorros e inversiones.

Para alguien que quiere jubilarse anticipadamente, necesitaría invertir un mayor porcentaje de sus ingresos sobre una base mensual en comparación con alguien que busca solo un poco de margen aparte de su pensión.

Se espera que la generación actual se invierta significativamente en fuentes de ingresos pasivas y que cuente con un plan de jubilación coherente. Sin embargo, se sugiere que no se invierta más del 50% de los ahorros en acciones.

Regla del cuatro por ciento de la jubilación

Esta regla establece un límite en cuanto a la cantidad que un jubilado debe retirar idealmente de su cuenta de retiro cada año que pasa. Esta regla ayuda a mantener el equilibrio con la inversión y el flujo de ingresos para los jubilados. Los expertos consideran que una tasa de retiro del 4% es segura y suficiente para la inversión a largo plazo, y los planes de ahorro, ya que el retiro probablemente solo consista en intereses y dividendos en lugar de la cantidad de inversión inicial que puede seguir creciendo.

Palabras de precaución

Aunque la regla del 4 por ciento ha demostrado su éxito en el pasado, ya que la situación económica se ha vuelto bastante volátil, la regla del 4 por ciento no puede considerarse como una solución definitiva o infalible. Esta regla tampoco incluye facturas de impuestos y pagos, lo que lleva a costos más altos.

CAPÍTULO 6

BENEFICIOS FISCALES DE LA INVERSIÓN DE DIVIDENDOS

¿Qué son los dividendos calificados?

Cuando un inversionista compra acciones, es responsable de pagar los impuestos sobre ellas. Se puede optar por impuestos ordinarios o impuestos calificados. Este último es mejor ya que el porcentaje es menor comparado con el de los impuestos ordinarios. Los dividendos calificados deben ser emitidos por compañías que estén en posesión de los EE. UU. o que coticen en la bolsa de valores más importante de los EE. UU. Además, el inversionista debe haber sido propietario de las acciones durante más de 60 días antes de la fecha ex dividendo. Los dividendos en entidades tales como depósitos bancarios, distribuciones de ganancias, corporaciones exentas de impuestos o son mantenidos por el Plan de Propiedad de Acciones para

Empleados y no se incluyen en los dividendos calificados..

Impuestos sobre los dividendos

La diferencia entre los dividendos calificados y no calificados es significativa cuando se trata de ser gravados. Los dividendos calificados tienen un impuesto mucho menor que los ordinarios o no calificados. Por ejemplo, si un inversionista posee acciones por valor de $500,000 sobre las cuales recibe un ingreso anual de $20,000 y el rendimiento promedio se reporta en un 4 por ciento anual.

Con respecto a la política de dividendos calificados, el inversionista será gravado con 3,000 dólares, mientras que la política de dividendos ordinarios le haría pagar alrededor de 5,600 dólares en impuestos y, por lo tanto, reduciría significativamente la cantidad que el inversionista recibirá como ingreso. A continuación, se presenta la comparación de ambos tipos de dividendos con respecto a los tipos impositivos cobrados.

Tasa de impuesto sobre los dividendos calificados	Tasa ordinaria del impuesto sobre la renta
0 %	10%
0 %	15%
15%	25%
15%	28%
15%	33%
15%	35%
20%	39.6%

Los impuestos sobre los dividendos calificados han sido del 0 por ciento, 15 por ciento y 20 por ciento dependiendo del nivel de ingresos del inversionista. La única diferencia que se ha informado en la política es con respecto a las ganancias a largo plazo que ahora son independientes de los niveles de ingresos. En cuanto al 2020, los criterios de elegibilidad para la tributación de los dividendos calificados son los siguientes:

0 por ciento de la categoría tributaria	15 por ciento de soporte de impuestos	20 por ciento de soporte de impuestos
El inversionista está casado, mantiene un rendimiento conjunto con su cónyuge y tiene un ingreso de 80,000	El ingreso para los inversionistas individuales es de 441,450 dólares.	Los inversionistas elegibles para un

dólares o menos.		impuesto del 20 por ciento son los que tienen un 15 por ciento de aumento en el umbral de ingresos.
Si el inversionista es soltero y los ingresos son de 40,000 dólares o menos	Los inversionistas casados con ganancias conjuntas deben tener ingresos de 496,600 dólares.	
Si el inversionista es el jefe de familia y el nivel de ingresos es de 53,600 dólares o menos.	Los jefes de familia tienen unos ingresos de 469,050 dólares.	

Políticas de imposición de dividendos según el país

En la mayoría de los países el Estado impone un impuesto de sociedades sobre los beneficios de una compañía. En el caso del pago de dividendos, el importe se considera como un ingreso para el accionista, pero no como un gasto para la compañía. Pero varía de un país a otro. A continuación, se presenta un panorama general de las políticas fiscales de los países con los mercados de valores más influyentes.

Estados Unidos y Canadá

En los Estados Unidos y el Canadá, el tipo impositivo sobre el pago de dividendos es comparativamente menor porque ya lo paga la compañía en forma de impuesto de sociedades.

Reino Unido

En el Reino Unido, una compañía libera el pago de dividendos después de pagar el impuesto de sociedades, que ha experimentado variaciones del 20 % al 19 % en 2017. Se espera que los accionistas paguen un impuesto sobre los ingresos por dividendos del 7.5% para los que pagan la tasa básica. A los contribuyentes de alto nivel se les cobra el 32.5% mientras que los contribuyentes adicionales tienen que pagar el 38.1%. La cantidad de ingresos recibidos por encima de 2.000 libras esterlinas se gravan y se recaudan a través de las declaraciones de impuestos personales.

India

En la India, las compañías tienen que pagar el impuesto sobre los dividendos de las compañías además del impuesto sobre la renta. En este caso, el inversionista no tiene que pagar impuestos sobre sus ingresos por dividendos siempre que la cantidad sea inferior a 1000.000 rupias indias sobre las que el accionista debe pagar el 10% del impuesto sobre los dividendos.

Australia y Nueva Zelanda

Países como Nueva Zelandia y Australia tienen la opción de adjuntar créditos de imputación al dividendo, lo que se conoce como sistema de imputación de dividendos. De acuerdo con el sistema, un dólar pagado por la compañía en impuestos cuenta como un crédito imputado. Esto evita que el accionista pague una doble imposición sobre las compañías que ganan.

CAPÍTULO 7

CONSTRUIR UNA CARTERA ESTELAR

Debe haber escuchado la importancia de construir una cartera de inversiones una y otra vez. Cualquiera y todos los que saben algo sobre inversiones en acciones y dividendos saben la importancia de una cartera diversificada. Pero ¿qué significa esto realmente? Es un error común pensar que una cartera consiste en acciones en múltiples acciones diferentes en lugar de invertir en una sola compañía.

Claro, es lo esencial, pero una cartera buena, rentable y algo infalible es aquella que se construye sobre diferentes TIPOS de acciones y sus métodos de pago, entre otras importantes consideraciones que discutiremos a fondo en esta sección.

Hay muchos otros factores que deben considerarse al construir la cartera, como la evaluación de la relación de riesgo y la vigilancia de las condiciones del mercado.

Por qué no debería invertir al azar en diferentes compañías

Los mercados son extremadamente impredecibles. Incluso un polémico discurso del presidente de los Estados Unidos ha demostrado que afecta enormemente a los mercados de valores. Independientemente de lo estable que sea una compañía, o de lo bien que una industria específica se haya desempeñado en los últimos tiempos, el mercado de valores sigue siendo peligrosamente impredecible. Desde un CEO incompetente hasta un problema con el sindicato, cualquier cosa puede sacudir las acciones de la compañía por grandes márgenes.

Incluso si se invierte en varias compañías diferentes, factores similares hacen que las inversiones aleatorias sean arriesgadas. Por lo tanto, se recomienda encarecidamente no poner todos los huevos en una sola cesta. No quiere decir que haya una forma segura o a prueba de fallos de construir una cartera, pero como inversionista con grandes cantidades de dinero en juego, depende de usted mitigar todos los riesgos al mínimo.

Lehman Brothers es un gran ejemplo de cómo una compañía exitosa y aparentemente estable se derrumbó debido a una crisis hipotecaria en 2008, dejando a todos sus accionistas colgados.

Si su cartera está diversificada, es probable que escape a algunos trastornos. Pero el secreto es asegurarse de que la diversidad debe reflejarse en los *tipos de industria y no* solo en las compañías.

Por ejemplo, un negocio de *gas de gota de petróleo* puede todavía rendirle con un mejor pago de dividendos de los productos básicos de consumo. Teniendo en cuenta la historia del mercado estadounidense, es probable que también muestre un crecimiento en el futuro y una cartera diversificada le impedirá soportar grandes pérdidas. Una típica cartera diversificada se vería como la tabla a continuación:

Dividendos de acciones	Sector	Rendimiento
Disney	Consumidor discrecional	1.6%
Procter & Gamble	Productos de primera necesidad	3.7%
ExxonMobil	Energía	4%
JPMorgan Chase	Finanzas	2.1%
Johnson & Johnson	Atención médica	2.9%
Boeing	Industriales	2%
DowDuPont	Materiales	2.3%
Simon Property Group	Bienes raíces	4.6%
Apple	Tecnología	1.6%

Duke Energy	Utilidades	4.5%
	Promedio	3%

FUENTE DE DATOS: GOOGLE FINANCE

Con miles de compañías que van bien en el mercado, ¿cómo se supone que uno va a seleccionar las apropiadas? La selección de las compañías es una parte importante de la construcción de una cartera porque sus ganancias dependerán en gran medida de ellas. Tampoco es posible comprar acciones para cada compañía, sino que solo selecciona algunas en función de su rendimiento anterior y el porcentaje de crecimiento. Pero recuerde, una cartera insuficiente e ineficaz puede aumentar el riesgo en lugar de evitarlo, por lo que es mejor que sea exhaustivo con su investigación..

Razones para invertir en la cartera de acciones de dividendos

Por supuesto, la razón principal para que los inversionistas inviertan en acciones de dividendos es su estabilidad, que es más fiable en comparación con los precios de las acciones. Durante la recesión económica de 2008, más del 35% de las cotizaciones del S&P 500 perdieron su valor, pero el pago de dividendos fue en realidad mayor durante este tiempo. Una excepción se vio durante la inmensa recesión de 2009 cuando las compañías S&P 500 redujeron el pago de dividendos, pero incluso entonces, fue una buena cantidad, el 20%. El pago de dividendos volvió a aumentar en los años siguientes y alcanzó el máximo en 2011.

Imagine que un inversionista que había comprado varias acciones en 1970 habría recibido un pago de dividendos significativo unas décadas más tarde. Curiosamente, como la inflación aumentó hasta el 700% durante esas décadas, el pago de dividendos aumentó hasta el 2,400%.

Del mismo modo, la inflación después de 2000 aumentó hasta el 46%, mientras que el pago de dividendos por parte de las compañías S&P 500 ha aumentado a más del 200%. No hace falta decir que los rendimientos de tener una cartera diversificada son un gran escudo climático para todas las estaciones económicas.

Considere los factores de riesgo

Al crear una cartera, asegúrese de considerar todos los factores de riesgo involucrados. Por ejemplo, nadie podría haber predicho que la industria del petróleo y el gas tomaría un giro descendente. Pero unos pocos actos de terrorismo y agitación política en todo el mundo y las mesas se volvieron bastante agresivas. Hasta la fecha, esta industria específica permanece bajo las muletas de los disturbios políticos.

Por lo tanto, es extremadamente importante que comprenda las condiciones económicas y políticas actuales, no solo en su país sino en todo el mundo antes de tomar decisiones de compra.

Siga a los mentores y asesores de inversión para entender mejor cómo estas condiciones pueden afectar a sus inversiones.

Número de acciones

La mayoría de los inversionistas no lo creerían, pero tener acciones futuras puede ser realmente saludable para la cartera de dividendos. Según la Asociación Americana de Inversionistas Individuales (AAII), la volatilidad de mantener una sola acción es un 30% más en comparación con una cartera diversificada.

Hay ciertas reglas que deben seguirse, que tal vez no garanticen mayores rendimientos pero que disminuirán los factores de riesgo asociados a esas inversiones.

- La inversión en 400 acciones puede reducir el riesgo de diversificación en aproximadamente un 95%.

- La inversión en cien acciones puede reducir el riesgo de diversificación en un 90%.

- La inversión en 25 acciones puede reducir el riesgo de diversificación en aproximadamente un 80%.

Mantener acciones por debajo de 50 puede reducir significativamente el costo de negociación y ahorrar el tiempo de los inversores que de otro modo podrían gastarse en investigar varias compañías. Diversos estudios realizados a este respecto han informado de que una apuesta segura sería invertir en unas 25 a 100 acciones.

Apalancamiento financiero

El apalancamiento financiero es uno de los principales factores de riesgo que hay que tener en cuenta al invertir en acciones de dividendos. Si una compañía tiene más deudas, las acciones fluctuarán enormemente durante la volatilidad de los negocios y/o las condiciones económicas.

El aumento de los tipos de interés no es favorable para las compañías más pequeñas, pero altamente apalancadas porque, en tales situaciones, las condiciones de crédito también se estrechan. Por lo tanto, es importante tener en cuenta el valor del crédito de la compañía en la que el inversionista está interesado en invertir porque es probable que estas acciones tengan un alto nivel de volatilidad.

Considerando la diversificación de la industria

Como se ha destacado anteriormente, es muy recomendable que un inversionista opte por una amplia gama de industrias al crear una cartera. Lo ideal es que no invierta más del 25% en una industria específica.

Puede ser muy tentador para los inversionistas optar por una industria específica que ha estado dando mayores rendimientos, o porque están interesados/conocen una industria específica. Pero esto expone a las inversiones a mayores riesgos en comparación con las inversiones en industrias diversificadas.

Hay ciertas industrias, como la de productos de primera necesidad, que son relativamente a prueba de perturbaciones, pero incluso ellas están expuestas a diversos riesgos y por lo tanto no se debe confiar totalmente en ellas.

¿Importa el tamaño?

Por supuesto que sí. Para las compañías más grandes, hay más oportunidades comerciales ya que un número de compradores y vendedores es significativo en comparación con las compañías con límites de mercado más pequeños. Dichas compañías tienen menos compradores y vendedores con un coeficiente de liquidez más ajustado. Es difícil para las compañías más pequeñas igualar la diferencia de precios que las compañías más grandes pueden ofrecer de manera inquebrantable.

Se recomienda enfáticamente no invertir significativamente en compañías con acciones de pequeña capitalización porque es muy probable que tengan un rendimiento superior o inferior y tengan una tasa de volatilidad más alta.. Por ejemplo, al intercambiar acciones por Microsoft, el vendedor puede tener la ventaja de contar con un gran número de compradores dispuestos a pagar el precio del vendedor.

Por ejemplo, en comparación con el S&P 500 y el Dow Jones, el Russell 2000 mostró una alta volatilidad debido a que las acciones de capitalización son relativamente más pequeñas. Al invertir en compañías más grandes y conocidas, un inversionista puede relajarse incluso durante las turbulencias económicas, ya que esas compañías tienen una mayor tasa de recuperación.

Standard Deviation from 1989 - 2017

Dow Jones	S&P 500	Russell 2000
14.8%	16.8%	18.5%

Entendiendo de la Beta

Los factores de riesgo mencionados son importantes para ser considerados, pero hay otro factor tan conocido como el beta o la volatilidad de los precios, que entra en juego en el marco de la retención a largo plazo en caso de que se busque un crecimiento significativo de la cartera de dividendos.

El precio de la alfabetización de las existencias también se ve considerablemente influido por los cuatro factores mencionados. Sin embargo, también se debe considerar que una compañía que ha mostrado una tendencia beta baja en el pasado no es probable que tenga la misma en los próximos años, y eso hace que la beta sea una tendencia retrospectiva.

Conozca sus objetivos personales

Al tener en cuenta los factores mencionados anteriormente, también es esencial que defina sus objetivos. Considere hacerse las siguientes preguntas:

- ¿Por qué planea invertir?

- ¿Cuánto puede invertir?

- ¿Cuánto riesgo está dispuesto a tomar y a tolerar?

- ¿Está invirtiendo para recibir ingresos regulares después de su jubilación?

- ¿Por cuánto tiempo está dispuesto a comprometerse con la inversión?

Una vez que tenga claridad sobre estos factores, será más fácil para usted construir su portafolio usando la herramienta que elija.

Herramientas para dividendos

El avance de la tecnología, especialmente en lo que respecta a las finanzas y el mercado de valores, significa que existen diversos programas y herramientas para los nuevos inversionistas, así como para los experimentados. Hay muchas herramientas de asistencia, aplicaciones y software disponibles que pueden ayudar realmente a los inversionistas a tomar mejores decisiones de inversión, así como a hacer un seguimiento de sus inversiones. Sin embargo, no todas estas herramientas de asistencia son tan útiles y de apoyo como cabría esperar que lo fueran. La compra del software o aplicación adecuados es una inversión importante. A continuación, se presentan algunas consideraciones importantes a la hora de buscar el apoyo tecnológico adecuado.

- Debe ser capaz de mostrar los detalles de todas sus inversiones de dividendos de forma individual, así como una visión general.

- Debería notificarle por correo electrónico o enviar notificaciones sobre cualquier actividad relacionada con sus inversiones en dividendos..

- Proporcione a los inversionistas acceso a varios informes publicados relacionados con los dividendos.

- Investigue y sugiera acciones dignas de inversión de manera regular.

- Evite que el inversionista reciba recortes en los dividendos proporcionando un sistema de puntuación seguro.

- Ofrezca la opción de exportar la cartera en dos hojas de cálculo para su posterior análisis.

A continuación, se presenta una muestra de cómo debería ser su herramienta de análisis de dividendos o la pantalla de su software.

Evaluación de los dividendos

Para mantener una cartera de inversión de dividendos estelar, la selección de las acciones de dividendos es un paso importante. Hay varios instrumentos y técnicas disponibles a este respecto. Con la ayuda de esos instrumentos, los inversionistas pueden examinar las acciones por una selección de características, entre ellas el dividendo anual y la calificación del sector.

Los siguientes son los más notables y prominentes examinadores de dividendos.

La clasificación del DARS

El sistema de calificación de ventajas de dividendos es una herramienta que evalúa hasta 2,000 acciones. El Sistema de Calificación de Ventaja de Dividendos analiza los dividendos en base a cinco métricas. Cualquier calificación por encima de los umbrales de 3.0 puede reducir el tiempo y el esfuerzo para seleccionar las opciones de dividendos con mejores pagos. Un DARS típico aparecería como se muestra a continuación:

Cambio de rango	Símbolo de la acción	Nombre de la compañía	Calificación DARS	Rendimiento de los dividendos	Precio actual	Fecha del sin dividendo	Alternativa a la ETF
1	99	ABC	3.5	20%	5.39%	$37.12	2020-01-09
3	97	XYZ	3.2	13%	6.70%	$47.11	2019-12-24
4	96	LDM	3.0	11%	2.52%	$149.58	2020-02-24

Capitalización del mercado y sector

Estos son los dos factores cruciales que hay que tener en cuenta para elegir un plan de inversión exitoso. Por ejemplo, una compañía que tenga una línea de negocio diversificada y una mayor capitalización de mercado significa que puede mantener su posición en situaciones difíciles. La compañía tiene la capacidad de aumentar sus flujos de efectivo en cualquier etapa de su ciclo comercial. La inversión en esas compañías proporciona un mayor margen a los inversionistas con respecto a los pagos futuros.

Como inversionista, debe realizar una investigación exhaustiva y considerar las compañías que tengan al menos 10 a 25 años de historial de aumento de dividendos. Ciertas compañías, incluyendo Target, Coca-Cola y Chevron Corp. han estado aumentando sus dividendos regularmente desde las últimas seis décadas.

Fuerte crecimiento y ganancias

Otro factor es considerar las compañías con fuertes ganancias y comparar esa información con sus indicadores técnicos. Ciertos instrumentos permiten a los inversionistas clasificar las compañías de mayor rendimiento en términos de pago de dividendos y proporcionarles la lista de acciones más vigiladas. Sin embargo, esta característica está disponible principalmente para usuarios premium y proporciona una actualización semanal si ciertas acciones preferidas fluctúan. También ofrece una opción de correo electrónico en vivo para que los inversionistas puedan tomar decisiones más rápidas.

Acciones de dividendos con un historial significativo

Compañía	Sector	Aumento consecutivo del dividendo anual	Rendimiento de los dividendos
3M	Industriales de consumo	60	2.7 %
Abbott Laboratories (ABT)	Atención médica	46	1.8 por ciento
AbbVie	Atención médica	46	5.4 por ciento
Aflac	Servicios financieros	36	2.2 por ciento
Air Products & Chemicals	Materiales básicos	36	2.8 por ciento
A.O. Smith Corp.	Industriales	26	1.8 por ciento
Archer-Daniels Midland	Defensa del consumidor	43	3.2 por ciento
AT&T	Servicios de comunicaciones	34	6.9 por ciento
Automatic Data Processing	Tecnología	44	2.2 por ciento
Becton Dickinson	Atención médica	47	1.3 por ciento
Brown-Forman Corp. (BF. B)	Defensa del consumidor	34	1.3 por ciento
Chevron Corp.	Energía	33	3.8 por ciento
Chubb	Servicios financieros	26	2.2 por ciento
Cincinnati Financial Corp. (CINF)	Servicios financieros	58	2.5 por ciento
Cintas Corp. (CTAS)	Industriales	36	1.1 por

			ciento
The Clorox Co.	Defensa del consumidor	41	2.5 por ciento
The Coca-Cola Co.	Defensa del consumidor	56	3.2 por ciento
Colgate-Palmolive Co.	Defensa del consumidor	55	2.6 por ciento
Consolidated Edison (ED)	Utilidades	44	3.8 por ciento
Dover Corp. (DOV)	Industriales	63	2.2 por ciento
Ecolab	Materiales básicos	33	1.2 por ciento
Emerson Electric Co.	Industriales	62	3 por ciento
Exxon Mobil Corp.	Energía	36	4.4 por ciento
Federal Realty Investment Trust (FRT)	Bienes raíces	51	3 por ciento
Franklin Resources (BEN)	Servicios financieros	37	3.4 por ciento
General Dynamics Corp. (GD)	Industriales	28	2.1 por ciento
Genuine Parts Co. (GPC)	Consumidor cíclico	62	2.8 por ciento
Hormel Foods Corp. (HRL)	Defensa del consumidor	52	2 por ciento
Illinois Tool Works	Industriales	55	3 por ciento
Johnson and Johnson	Atención médica	56	2.7 por ciento
Kimberly-Clark Corp.	Defensa del consumidor	46	3.5 por ciento
Leggett & Platt	Consumidor cíclico	47	3.5 por ciento
Lowe's Companies	Consumidor cíclico	56	2 por ciento
McCormick & Co.	Consumidor cíclico	32	1.8 por ciento
McDonald's Corp.	Consumidor cíclico	42	2.7 por ciento
Medtronic	Atención médica	41	2.3 por ciento

Nucor Corp.	Materiales básicos	45	2.7 por ciento
Pentair	Industriales	42	1.7 por ciento
Pentair United Financial	Servicios financieros	25	4.1 por ciento
PepsiCo	Defensa del consumidor	46	3.3 por ciento
PPG Industries	Materiales básicos	46	1.8 por ciento
Procter & Gamble Co.	Defensa del consumidor	62	3 por ciento
Roper Technologies	Industriales	26	0.6 por ciento
S&P Global	Servicios financieros	46	1 por ciento
Sherwin-Williams Co.	Materiales básicos	40	0.8 por ciento
Stanley Black & Decker	Industriales	51	2.1 por ciento
Sysco Corp.	Defensa del consumidor	48	2.4 por ciento
T. Rowe Price Group	Servicios financieros	32	3 por ciento
Target Corp.	Defensa del consumidor	51	3.6 por ciento
United Technologies	Industriales	25	2.4 por ciento
V.F. Corp.	Consumidor cíclico	46	2.4 por ciento
Walgreens Boots Alliance	Defensa del consumidor	43	2.5 por ciento
Walmart	Defensa del consumidor	44	2.2 por ciento
W.W. Grainger	Industriales	47	1.8 por ciento

Fuente U.S. News & World Report[6]

[6]https://money.usnews.com/investing/stock-market-news/slideshows/dividend-stocks-aristocrats?slide=55

Muestra de filtro de dividendos

Una típica herramienta de selección de dividendos aparecería como se indica a continuación. Si se da cuenta, hay varios factores para elegir al buscar acciones preferentes y compañías. Como inversionista, puede buscar por acciones de ganga o gigantes de la tecnología. También puede buscar información por las opciones de mínimos y máximos de 52 semanas. En el lado izquierdo, se proporcionan varios filtros que permiten a los inversionistas comprimir aún más la lista al seleccionar el precio, la ubicación y el sector. Estos filtros son eminentes para mantener una cartera estelar, ya que ahorran mucho tiempo y esfuerzo de la consulta de un manual y la investigación independiente en línea. Además, estos filtros se actualizan periódicamente ya que están integrados en Internet.

Fuente: Dinero MSN[7]

---

[7]https://www.msn.com/en-us/money/stockscreener/hdys

Seleccionando la mejor filtro

Se dispone de diversos instrumentos de selección con respecto a la ubicación del inversionista o para las regiones en que éste esté interesado. Stock Rover es la herramienta de selección más favorita para los inversionistas que residen en América o Canadá. Para los inversionistas que residen fuera de estos países tienen la opción de usar Metastock o Tradingview.

Metastock puede ser útil para recibir análisis técnicos y también muestra noticias en tiempo real a los usuarios. Tradingview abarca casi todas las acciones disponibles en el mundo y es la mejor opción para los inversionistas internacionales.

Selección de la estrategia de inversión de dividendos

Antes de decidir invertir en ciertas acciones, asegúrese de tener a mano una estrategia consistente y relevante. Principalmente hay cuatro opciones principales entre las que se puede elegir.

Puede adoptar la **estrategia del dividendo seguro** si quiere minimizar el riesgo asociado a la inversión en acciones. Asegúrese de que la empresa cotice en bolsas de valores bien reguladas, como NASDAQ o NYSE. Además, considere el crecimiento de las ventas de las acciones por encima del crecimiento de los dividendos, ya que será una inversión relativamente más estable a largo plazo. Es importante asegurarse de que la

144

compañía ha estado pagando un dividendo durante un largo período de tiempo y que están altamente capitalizadas.

Una acción de **estrategia de alto rendimiento de dividendo** es lo que un nuevo inversionista buscará. Pero tenga en cuenta que un mayor rendimiento también puede resultar en una caída significativa del precio de la acción. Al considerar tales compañías, siempre asegúrese de que la relación de pago no exceda el 60.

Un índice aristócrata o una lista de compañías es importante si está invirtiendo en la estrategia de crecimiento de dividendos **a largo plazo**. Considere un índice que tenga un enorme volumen de datos históricos para que, como inversionista, tenga una idea bastante justa sobre las compañías y su rendimiento a lo largo de los años.

También puede consultar en la **estrategia de dividendos +** criterios de **valor** para la selección. Esta estrategia ha sido utilizada con éxito por conocidos inversionistas como Ben Graham y Warren Buffet. Las compañías que buscar bajo estos criterios son las que tienen un precio bajo para reservar, ventas y ganancias. Stock Rover puede ser de gran ayuda en este sentido y puede filtrar las compañías según la relación más baja de PE dentro del mismo sector.

Invertir en las acciones

Una vez que tenga claro la estrategia que desea adoptar y el filtro que se utilizará, el siguiente paso es realizar una investigación y comenzar a comprar las acciones. La interfaz de usuario de este paso puede parecerse a la siguiente:

En este paso, también puede desarrollar y mantener una lista de vigilancia de acuerdo con sus necesidades y requerimientos. El evaluador le informará una vez que haya algún cambio en las acciones que le interesen. Además, este paso le permitirá ver el puntaje del valor, el rendimiento de dividendos, el valor razonable y otros detalles relevantes.

Realizar una investigación exhaustiva

Una vez que tenga las compañías preferidas en su lista, asegúrese de comprobar el rendimiento financiero y los patrones de crecimiento histórico de las compañías antes de tomar la decisión de comprar acciones. Algunos evaluadores también brindan informes al realizar un análisis financiero inteligente. Esto se conoce como el sistema de calificación de acciones. Proporciona un análisis basado en:

- Análisis de dividendos

- Eficiencia

- Crecimiento

- Fuerza financiera

- Crecimiento

- El impulso del precio de las acciones

Compre las acciones

Para cuando haya llegado tan lejos, es seguro asumir que, como inversionista, ha realizado una investigación completa y está listo para invertir. Si su corredor le cobra mucho, elija un corredor sin comisión. Ciertamente no querrá desembolsar una suma de dinero cuando es comparativamente más fácil realizar la tarea usted mismo.

Las características proporcionadas por los investigadores...

Las diferentes pantallas proporcionan un montón de características para que incluso los nuevos inversionistas tengan la facilidad de operar el proceso por su cuenta. Algunas características son gratuitas, mientras que las avanzadas se ofrecen solo a los miembros premium. A continuación, se presentan algunas de las características que se suelen ofrecer a los inversionistas para crear su propia cartera de inversiones de dividendos.

Calendario de dividendos

Utilice este calendario para planificar sus ingresos anuales. Esto le mostrará las fechas de pago de los dividendos, así como cuándo poseer las acciones para recibir su pago de dividendos.

Dividendo Aristócratas

Esta característica le permitirá ver las existencias más establecidas para poseer. Esta lista se elabora con ciertos criterios, y las compañías que aparecen son las que han mostrado un progreso y una mejora continua, independientemente de la desaceleración económica.

Acciones de alto rendimiento

Esta característica es especialmente adecuada para los inversionistas que buscan la estrategia de inversión de pago de dividendos. Los inversionistas pueden encontrar los detalles de las compañías internacionales que ofrecen acciones de alto rendimiento.

Las mejores acciones

Esta área se centra en las compañías que han logrado aumentar sus beneficios y el pago de dividendos durante un período de años.

Aumente sus dividendos

Esta característica está disponible para los inversionistas premium y notifica al inversor a medida que fluctúa el nivel de rendimiento de dividendos.

Crecimiento de las ganancias

El inversionista puede encontrar más información sobre la compañía; está interesado en invertir y analizar el crecimiento y el rendimiento en función de los flujos de caja y las ganancias corporativas.

Notificación de alarma de dividendos

Esta característica es muy útil para los inversionistas al señalar las oportunidades de compra y venta de acciones sobre la base del rendimiento de los dividendos. El inversionista puede recibir notificaciones en varias opciones y puede mantenerse actualizado sin necesidad de entrar en el sistema todos los días.

Stock Screener

Esta área proporciona muchas opciones de filtro para que los inversionistas puedan elegir. Todos los detalles de las acciones, las tasas de pago de dividendos y el rendimiento se organizan en un formato claro y conciso.

Clasificaciones

El inversionista puede crear creativamente clasificaciones según los criterios seleccionados de su elección. Las acciones seleccionadas serán analizadas de acuerdo a las métricas y producir una lista de acciones relevantes creando una lista a través de un proceso de clasificación

¡Nota importante!

Ser propietario de dividendos puede ser un flujo de ingresos lucrativo a largo plazo. Sin embargo, hay ciertas otras reglas a seguir.

❖ Al comprar las acciones, no solo considere la relación de pago de dividendos, sino que analice el rendimiento de la compañía a largo plazo.

❖ Las comisiones del fondo suelen ignorarse inicialmente mientras el inversionista está ocupado buscando las acciones más rentables en las que invertir. Esto puede resultar en una relación de gastos y, por lo tanto, la tarifa cobrada debe tenerse en cuenta. Por ejemplo, si las acciones con un rendimiento de dividendos del 4% con las comisiones del fondo cobradas al 2.5% por año, el inversionista no se queda con muchas recompensas.

CAPÍTULO 8

RETIRO SEGURO DE LA CARTERA

Un error común que comete un inversionista, especialmente mientras el mercado está en auge, es que sigue gastando generosamente sin darse cuenta de que sus activos se están agotando. Para hacer frente a los gastos, los inversionistas a menudo sacan dinero de su cartera mientras sigue creciendo. Aunque esto parece ser una situación positiva, puede tener serias repercusiones una vez que el mercado sea testigo de una desaceleración económica.

Hay varias reglas y estrategias para adaptarse a fin de garantizar una retirada segura. Sorprendentemente, varios estudios realizados han revelado que más del 70% de los inversionistas americanos no están familiarizados con las opciones disponibles.

La mayoría de los inversionistas desean utilizar el pago de dividendos para llevar una vida cómoda después de la jubilación, así como para dejar una cantidad considerable de riqueza para la próxima generación. Ambos propósitos son alcanzables siempre que el inversionista tenga suficientes conocimientos de los resultados de la retirada en la cartera general de dividendos. En la siguiente sección se abordarán los pasos importantes para la retirada de los dividendos anuales.

En primer lugar, el inversionista debe considerar la elaboración de una hoja de gastos anuales con todos los posibles gastos en los que incurrirá durante el año. Una vez hecho esto, se deben registrar también los ingresos derivados de otros recursos como la seguridad social o la pensión, y se deben restar los gastos. El monto restante serán los gastos que el inversionista estará sacando de la cartera. Este monto se conocerá como la tasa de retiro y se deducirá como parte del valor de la cartera. El horizonte temporal es un factor importante a tener en cuenta, que se refiere a la esperanza de vida del inversionista o de las personas a su cargo.

La regla del 4%

En 1994, William Bengen propuso la norma de retirada segura del 4%, según la cual se supone que las inversiones en acciones serán más seguras si se mantiene la tasa de retiro anual del 4%. Esto significa que el inversionista no sobrevivirá a su cartera.

Razones para retirar los dividendos

A fin de mantener segura la cartera de dividendos, el inversionista debe considerar la posibilidad de no aumentar la tasa de retiro cada año. Cuando el mercado tiene una recesión o atraviesa una desaceleración económica, es importante reducir la tasa de retiro para mitigar cualquier pérdida financiera. La tasa puede entonces recuperarse una vez que el mercado mantenga sus niveles normales. Si la esperanza de vida es inferior al 15%, es aconsejable mantener la tasa de retirada por debajo del 4%.

Venta de acciones de dividendos

Puede haber varias situaciones en las que el inversionista desee vender las acciones de dividendo. Sin embargo, es aconsejable no hacerlo, especialmente en el caso de las compañías con un alto rendimiento de dividendos y un historial de crecimiento constante.

Sin embargo, puede haber situaciones o necesidades específicas de un inversionista que le obliguen a vender acciones de dividendos. Los siguientes son algunos consejos para ayudarlo a vender sus acciones de dividendos en el momento adecuado.

Hay muchas razones para vender las acciones de los dividendos, entre ellas las siguientes:

1- Puede haber ocasiones en las que una compañía decida reducir o eliminar el pago de dividendos. Por ejemplo, durante la recesión económica de 2008 y 2009, la mayoría de las compañías no pudieron retener las ganancias favorables y, por lo tanto, tuvieron que reducir el pago de dividendos. El inversionista debe estar atento a los informes de acciones que se publican periódicamente y que muestran el flujo de caja de las compañías, así como las proyecciones futuras. Es evidente que los riesgos deben mitigarse en las etapas iniciales y, por lo tanto, se espera que el inversionista realice búsquedas y considere las compañías que rara vez han reducido o eliminado el pago de dividendos en el pasado.

2- En ocasiones, cuando las acciones están sobrevaloradas, se sugiere venderlas y proteger los ahorros. Pero aquí se sugiere al inversionista que vigile el sector industrial y no solo la compañía en la que ha invertido, porque en caso de que la primera esté sobrevalorada, todas las compañías bajo el paraguas se verán afectadas en términos de valoración de las acciones. Además, se ha observado que la alta valoración de las acciones es seguida por un bajo período de pago de dividendos. El inversionista debe ser cauteloso al respecto para mantener el mercado a su favor en todo momento.

3- Los inversionistas deben vigilar el valor de la posición de las acciones. Puede haber momentos en los que algunas de las acciones pueden convertirse en una carga para su cartera.

4. Durante el tiempo en que las acciones de una compañía determinada empiezan a mostrar altos niveles de volatilidad, es mejor vender esas acciones.

5- Si el inversionista siente que ha perdido la confianza en una determinada compañía, es mejor vender las acciones. Incluso las compañías bien establecidas muestran una tendencia decepcionante dependiendo de la dirección en la que se dirigen. Por ejemplo, un inversionista puede invertir con entusiasmo en la compra de acciones de Microsoft o Target. Sin embargo, en el futuro, el inversionista considera que una de las compañías va en la dirección equivocada y, por lo tanto, presenta un riesgo para el pago de dividendos en el futuro. Esto es una indicación para que el inversionista venda las acciones.

6- Por último, pero no menos importante, un inversionista puede tener razones personales para vender las acciones. Algunas situaciones impredecibles pueden sumarse a la decisión o en caso de que el inversionista decida invertir el dinero en otro esquema para necesidades personales. Cualquiera sea la razón, los pros y los contras deben sopesarse con el máximo cuidado para minimizar el riesgo de pérdida financiera para el inversionista.

CAPÍTULO 9

CONOCIMIENTO DEL CALENDARIO DE DIVIDENDOS

El calendario de dividendos es la herramienta u opción que informa o recuerda al inversionista las fechas de pago de los dividendos. Esta puede ser una característica útil para los inversionistas para que puedan tener una idea sobre su calendario de ingresos. Aunque las compañías pagan dividendos trimestralmente, hay algunas que lo hacen dos veces al año. A continuación, se presenta una tabla de muestra para comprender el concepto de las fechas de pago de dividendos.

AFH Financial	30 de enero de 2020	8	14 de febrero de 2020	2.08%
Ag Growth Int (AFN)	30 de enero de 2020	2.4	14 de febrero de 2020	5.06%

Ag Growth Int (AGGZF)	30 de enero de 2020	1.812	14 de febrero de 2020	5.04%
AGNC Invest (AGNC)	30 de enero de 2020	0.48	11 de febrero de 2020	10.43%
Alaris Royalty (AD)	30 de enero de 2020	1.65	18 de febrero de 2020	7.36%
Alliant Energy (LNT)	30 de enero de 2020	0.38	18 de febrero de 2020	2.57%
Allied Properties (AP_u)	30 de enero de 2020	1.65	18 de febrero de 2020	2.98%
Ally Financial Inc (ALLY)	30 de enero de 2020	0.19	14 de febrero de 2020	2.39%
American Core Sectors Dividend (ACZ)	30 de enero de 2020	0.55	14 de febrero de 2020	4.08%
AFH Financial	30 de enero de 2020	8	14 de febrero de 2020	2.08%
Ag Growth Int (AFN)	30 de enero de 2020	2.4	14 de febrero de 2020	5.06%
American Hotel Income Properties LP (HOT_u)	30 de enero de 2020	0.8451	14 de febrero de 2020	11.72%
Ames (ATLO)	30 de enero de 2020	0.24	14 de febrero de 2020	3.53%
Antero Midstream (AM)	30 de enero de 2020	0.3075	12 de febrero de 2020	20.30%
AO Smith (AOS)	30 de enero de 2020	0.24	18 de febrero de 2020	2.11%
APQ Global (APQ)	30 de enero de 2020	6	02 de marzo de 2020	8.76%
ARC Document Solutions (ARC)	30 de enero de 2020	0.01	28 de febrero de 2020	3.08%

ARC Resources (ARX)	30 de enero de 2020	0.6	14 de febrero de 2020	8.40%
Artis REIT (AX_u)	30 de enero de 2020	0.54	14 de febrero de 2020	4.48%
Atrium Mortgage Investment Corp (AI)	30 de enero de 2020	0.9	12 de febrero de 2020	6.14%
Australian REIT (HRR_u)	30 de enero de 2020	0.66	07 de febrero de 2020	5.12%
Automotive Finco (AFCC)	30 de enero de 2020	0.2052	28 de febrero de 2020	12.00%
Automotive Properties RE (APR_u)	30 de enero de 2020	0.804	14 de febrero de 2020	6.40%
Badger Daylighting (BAD)	30 de enero de 2020	0.57	14 de febrero de 2020	1.63%

CAPÍTULO 10

SEIS MANDAMIENTOS DE LA INVERSIÓN DE DIVIDENDOS

Aunque la inversión de dividendos es una fuente potencialmente grande de generación de ingresos, no es una forma segura de obtener beneficios. Viene con muchos riesgos que un inversionista no siempre puede prever. Sin embargo, hay algunas medidas de precaución que un inversionista puede tomar para minimizar las pérdidas. Estos pasos son las diez reglas, también llamadas los "Diez Mandamientos de la Inversión de Dividendos". Cualquier inversionista de dividendos que vive de acuerdo a estas reglas difícilmente puede equivocarse en sus inversiones.

La mayoría de los inversionistas recurren a la inversión de dividendos para obtener un alto rendimiento. Muchas compañías fraudulentas, en los tiempos actuales, están más enfocadas en la ganancia personal que en los intereses del inversionista. Se puede esperar un prometedor retorno de dividendos que casi nunca se pagan. También es común que experimenten algunas turbulencias en lo que respecta al pago de dividendos. No solo esto, sino que los inversionistas verán lentamente una disminución en el valor de estas acciones. Por eso el primer mandamiento es evitar buscar rendimientos más altos. Un inversionista inteligente estará preparado con preguntas relevantes cuando se prometan rendimientos más altos. El inversionista preguntará y evaluará cualquier riesgo al que estos rendimientos puedan estar expuestos.

Por ejemplo, un análisis histórico reveló que los REIT han sido estables en cuanto a la distribución de dividendos. Son una entidad de inversión de dividendos lucrativa y parecen ser la primera opción para la mayoría de los inversionistas. Sin embargo, el desembolso que hacen de sus ganancias, según la ley, es tan significativo (90 por ciento), que los REIT están dando lugar a desembolsos inconsistentes. Esto se debe a que los REIT están acumulando deuda debido al alto porcentaje de pago. Además de esto, un mayor rendimiento también puede dar lugar a una disminución del valor de las acciones. Esto significa que el inversionista podría enfrentarse a una posible pérdida a largo plazo.

Siempre reinvertirá en los dividendos

Por mucho que uno pueda enfatizar el poder de reinvertir los dividendos, es difícil de articular solo con palabras. Al reinvertir sus dividendos y utilizar la técnica de capitalización, puede hacer crecer exponencialmente sus inversiones. Los inversionistas también pueden hacer uso de los programas de reinversión de dividendos que a menudo permiten automáticamente reinvertir los dividendos sin pagar una comisión. Con el tiempo y a medida que aumentan los pagos, los pagos de los dividendos también continúan aumentando, lo que lleva a un efecto compuesto que aumentará con el tiempo. Sin embargo, debe mencionarse que la opción de reinversión de dividendos no se aplica a aquellos que dependen de los ingresos por dividendos, como los jubilados.

Cumplir las implicaciones fiscales

A lo largo de los años, el proceso y la estructura tributaria de los dividendos fiscales han sido objeto de importantes revisiones, adiciones y modificaciones de políticas y reglamentos para poder desarrollar y aplicar una estructura tributaria completa y equitativa. Los impuestos sobre las ganancias de capital caerán más a menudo o no por debajo de los impuestos sobre la renta estándar. Si usted sigue a Warren Buffet, es probable que esté al tanto de su declaración de que él paga menos impuestos que su secretaria. La mayoría de sus ingresos provienen de los dividendos, lo que pone a esas ganancias en un nivel de impuestos más bajo en comparación con el salario u otros tipos de compensación y, por lo tanto, se grava con una tasa más baja.

Cumplir con la tasa de pago

Cuando se trata de dividendos y de invertir en ellos, la relación de pago es el factor más importante, ya que pone de relieve la capacidad de la compañía para devolver los beneficios o pagar a los accionistas los rendimientos que han estado esperando. Si la proporción es superior al 100%, significa que una compañía está pagando más de lo que está ganando, lo cual es básicamente una señal de alarma a largo plazo. A pesar de que no existe un "punto óptimo" para pagar los dividendos, cualquier cosa que se acerque al 100% siempre será motivo de preocupación.

Puedes tomar Verizon Wireless, por ejemplo. Su año fiscal más importante mostró que tenía ganancias de 2.24 dólares, mientras que se esperaba que el año siguiente bajara a 2.79 dólares. Este es otro ejemplo de la estimación de dividendos, que lleva a cifras falsamente altas. Esta técnica utiliza el EPS del año siguiente junto con el pago actual, varios recursos utilizarán las ganancias del año más reciente y las combinarán con el pago de dividendos del año en curso.

Las oportunidades de inversión en el mercado de los Estados Unidos se consideran unas de las más altas. Se estima que el mercado estadounidense constituye el 50 por ciento de la inversión mundial. Aunque el mercado estadounidense es fuerte y tiene muchas oportunidades, un inversor no debe limitarse solo a este mercado. Un inversor debería considerar tener múltiples inversiones de dividendos, tanto en el mercado extranjero como en el estadounidense. Lo que hace esta estrategia es reducir los riesgos de pérdida; si un mercado se derrumba, siempre hay un ingreso de dividendos de respaldo de otras regiones. Por ejemplo, la creciente guerra comercial entre Estados Unidos y China puede provocar fluctuaciones. Si bien estos dos países pueden sufrir un golpe, podría resultar en mayores beneficios para otros mercados extranjeros. Como inversionista que invierte en inversiones de dividendos locales y extranjeros, no sufrirá una pérdida tan grande como alguien que invierte únicamente en las inversiones de dividendos de los Estados Unidos.

Si decide invertir en inversiones extranjeras de dividendos, asegúrese de familiarizarse con sus políticas fiscales locales para evitar complicaciones. En los EE. UU., las políticas fiscales son bastante claras, y la mayoría de los inversionistas son conscientes de ellas. Una de las desventajas de invertir en los mercados extranjeros es que no encontrarás mucha información de la gente que te rodea. Por lo tanto, se recomienda investigar lo más posible sobre sus políticas. Por ejemplo, las compañías en los EE. UU. están obligadas por ley a revelar su información financiera a los inversionistas. Sin embargo, esto puede o no ser el caso de las compañías que operan en otros países. Del mismo modo, las políticas de pago de dividendos también pueden diferir. Por eso se recomienda encarecidamente a todos los inversionistas que averigüen toda la información antes de dar el salto.

Una vez que se haya asegurado de tener toda la información necesaria para invertir en una inversión extranjera de dividendos, puede ser beneficioso de muchas maneras. Por un lado, el pago en efectivo es recibido por el inversionista en diversas monedas extranjeras. Esto puede ser una ventaja, especialmente si se recibe de un país que tiene un valor monetario estable y creciente.

¿Cuántas veces ha sido víctima de la estantería marcada con un 75% de descuento? No es fácil ignorar sus chocolates de trufa favoritos, pero caros, con más de la mitad de descuento. Sin embargo, trae las trufas a casa solo para darte cuenta de que están tan cerca de su caducidad, que se estropearán antes de que pueda terminar el paquete. En realidad, esta compra fue, de hecho, una pérdida, más que un ahorro. Del mismo modo, una compañía puede mostrarte oportunidades de inversión de alto rendimiento, pero no todo lo que brilla es oro. La compañía puede estar engañándote para que compres acciones con la promesa de altos rendimientos cuando, en realidad, podría estar enfrentando una considerable cantidad de pérdidas.

Para asegurarse de que no tiene que aceptar la palabra de una empresa, dedique una cantidad considerable de tiempo a investigar diferentes empresas y mercados. Un poco de tiempo dedicado a la investigación podría ayudarlo a evitar pérdidas potencialmente altas. Y como en estas compañías se invierten grandes cantidades de los ahorros de los inversionistas, se deben tomar las medidas adecuadas para evitar cualquier riesgo oculto que impliquen las inversiones de dividendos.

Cuando un inversionista considera la posibilidad de comprar acciones, debe hacer una investigación profunda sobre el rendimiento de la compañía y el pago de dividendos. Aquí es donde muchos inversionistas tropiezan. Hacen una verificación de antecedentes sobre el desempeño de la compañía en los últimos años. Sin embargo, tiene más sentido comprobar los antecedentes de la compañía durante al menos la última década. Una compañía que tiene un aumento consistente en el pago de dividendos se considera estable para la inversión. Además, el inversionista también debe llevar a cabo una investigación exhaustiva para asegurarse de que la compañía tiene una completa transparencia y no engaña a los inversionistas mostrando un buen rendimiento financiero. El crecimiento del pago de dividendos solo es bueno en el caso de que la compañía no tenga un alto coeficiente de endeudamiento, y esté creciendo constantemente en términos de sus operaciones y demanda de productos.

Por otra parte, las compañías que están constantemente aumentando sus dividendos también están bajo presión. Esto puede llevar a la gerencia a realizar inversiones más riesgosas y, por lo tanto, es importante que los inversionistas presten mucha atención y permanezcan firmes con las finanzas de la compañía.

Ser **cuidado con las trampas de valor**

La trampa del valor, un fenómeno en el que un dividendo puede producir fuertes rendimientos, y las acciones pueden parecer baratas porque el precio puede haber bajado, hacen que las acciones parezcan una compra falsa. El primer signo de una trampa de valor es que una compañía pague dividendos excesivos cuando el flujo de caja ha estado cayendo en comparación con sus competidores. Las trampas de valor atraen a los inversionistas más ahorradores. Por lo tanto, es importante que tengan cuidado al invertir en acciones.

Tener en cuenta los dividendos especiales

Una compañía puede a veces iniciar dividendos especiales, como el pago de un dividendo único especial. Microsoft, por ejemplo, emitió un gran dividendo en 2004. Los inversionistas deben estar atentos a estas acciones, ya que las cosas pueden parecer más prometedoras de lo normal. Por supuesto, hay una gran diferencia entre un pago de dividendo único y un pago de dividendo estándar. Una cosa que los inversionistas deben hacer en esos casos es mirar las estadísticas, en particular la historia de los pagos. Mientras escogen las acciones de dividendos para invertir, los inversionistas deben mirar la historia para observar los patrones de pago y el comportamiento de cada compañía.

No debe ser los dividendos su única prioridad

Como se ha evaluado que los dividendos son una gran manera de invertir en una corriente constante de ingresos. Sin embargo, no debería ser la única medida a la que atenerse. Cada valor tiene un cierto conjunto de fundamentos que lo hacen correcto o incorrecto, y muchas veces no tendrá nada que ver con el pago de los dividendos. Por lo tanto, es imperativo que los inversionistas se aseguren y entiendan cómo funciona una compañía y su posición futura. Una compañía fuerte es mejor que una compañía débil que tiene fuertes rendimientos.

El peor año de Dividendos

La recesión económica de 2008 fue significativamente alta después de la Gran Depresión y el mercado de valores perdió más de la mitad de su valor. La conmoción financiera hizo que la mayoría de las compañías bien establecidas tomaran decisiones diferentes a las normas estándar y tradicionales, ya que sucumbieron a las pérdidas financieras. Los inversionistas inmobiliarios y las compañías se enfrentaron a una grave crisis de liquidez, y debido a ello, el pago de dividendos por parte de las compañías se redujo significativamente. Standard and Poor informó que más de 800 acciones de 7.000 tuvieron que recortar los pagos. Compañías como General Electric, Dow Chemical y Pfizer fueron duramente golpeadas durante un período de muchas décadas, y se estima que los inversionistas se enfrentaron a una pérdida financiera de más de 58.000 millones de dólares.

El informe del S&P 500 revela que de las compañías que pagan dividendos, 78 redujeron drásticamente su pago de dividendos a aproximadamente el 21%. Sin embargo, por otro lado, unas pocas compañías aumentaron el pago de dividendos. Las 363 acciones que tuvieron un buen rendimiento constituyeron el 73% del índice y proporcionaron un conjunto de oportunidades para los inversionistas. Esto también se refiere al hecho de que las compañías que figuran en los índices S&P 500 son en su mayoría lucrativas. Sin embargo, la cuestión de la estabilidad aún no está garantizada.

Situaciones como ésta tienen muchas lecciones que enseñar a los inversionistas de dividendos. Es importante comprender que invertir en acciones puede ser un negocio arriesgado, especialmente si se ignoran las medidas de precaución.

Algunas estrategias bien conocidas para recoger acciones pueden ser beneficiosas. Estos enfoques pueden fusionarse para obtener mejores rendimientos. No hay reglas rígidas y rápidas que puedan garantizar una generación de ingresos persistente, pero aplicando unas pocas estrategias se pueden mitigar los riesgos asociados al crecimiento de la inversión en dividendos.

CAPÍTULO 11

ESTUDIOS DE CASOS - CONSTRUYENDO UNA CARTERA EXITOSA

Construir una cartera de éxito requiere paciencia, investigación y observación de cómo se comportan las compañías. No se trata solo de comprar dividendos y luego esperar los rendimientos. En su lugar, también se trata de diversificar su cartera para que pueda crear flujos de ingresos adicionales. Tomemos como ejemplo a Bill Gates y Warren Buffet. Ellos siguen siendo los reyes de la inversión y, con el tiempo, han desarrollado el hábito de invertir en acciones que conllevan el menor riesgo. Hablemos un poco de ellos.

Bill Gates

Berkshire Hathaway, Inc.

Berkshire Hathaway es el mayor holding de la cartera de la fundación de dividendos de Bill Gate. La fundación es propietaria de 54 millones de acciones de Berkshire Hathaway con un valor de poco menos de 10 mil millones de dólares. Berkshire Hathaway es una de las mayores compañías del S&P 500, con una capitalización de mercado de 51184 mil millones de dólares y en 2017 se clasificó en segundo lugar en la fortuna 500.

Microsoft

El segundo mayor holding de la fundación es el propio Bill Gate, Microsoft. La fundación es propietaria de 32 millones de acciones de la compañía por un valor de casi 3.120 millones de dólares. Microsoft es una de las mayores compañías del S&P 500, con una capitalización de mercado de 825,000 millones de dólares y se clasificó en el puesto 28 de Fortune 500 en 2017.

Caterpillar

Caterpillar es la tercera compañía más grande en el portafolio de la fundación. La fundación posee más de 11 millones de acciones de Caterpillar a un valor de mercado de más de 1,500 millones de dólares. Caterpillar es miembro de las acciones de Dow y se especializa en la fabricación de maquinaria pesada y equipos utilizados para la minería, la energía y la agricultura. Posee una capitalización de mercado de 86,480 millones de dólares. Caterpillar fue clasificada en el puesto 65 en 2017 en la lista Fortune 500.

Waste Management

La cuarta compañía más grande en el portafolio de la fundación es Waste Management, Inc. Las fundaciones tienen más de 18,6 millones de acciones a una tasa de mercado de 1,52 mil millones de dólares. Waste Management es responsable de proporcionar servicios de gestión de residuos y otros servicios relacionados con el medio ambiente. Resulta ser la compañía de gestión de desechos más grande del país, con más de 21 millones de clientes. La compañía tiene una capitalización de mercado de 39.55 mil millones de dólares y se ubicó en el puesto 202 en 2017 en la lista de Fortune 500.

La Compañía Nacional de Ferrocarriles de Canadá (Canadian National Railway Company)

La quinta compañía más grande en la cartera de la fundación es la Compañía Nacional de Ferrocarriles de Canadá. La fundación posee 17,1 millones de acciones de la compañía a un valor de mercado de 1.400 millones de dólares. La Compañía Nacional de Ferrocarriles Canadienses presta servicios relacionados con el transporte integrado, como el envío de carga, el transporte por camión y el almacenamiento. La compañía se encarga principalmente del transporte de productos petrolíferos, fertilizantes, carbón, metales y productos de automoción. La compañía tiene una capitalización de mercado de 65.000 millones de dólares.

El propósito de mencionar las compañías mencionadas fue observar y notar el hecho de que Bill Gates está interesado en las compañías que tienen una gran capitalización de mercado y tienen un fuerte control en los mercados donde operan. Esto le da a Bill Gates una idea de lo arriesgado o fructífero que sería invertir en una compañía.

Warren Buffett

Warren Buffet, también conocido como "el Oráculo de Omaha", cree en la diversificación de su cartera. Aunque tiene comparativamente menos acciones en el sector de la comunicación y el consumo discrecional que no le atrae hacia la venta de las acciones. Mientras la compañía se mueva hacia el crecimiento, tendrá la atención de Warren Buffet.

Además, dijo que incluso si tuviera una pequeña inversión, podría aumentarla al 50% en aproximadamente un año. Esa es la confianza y la creencia en sus habilidades y conocimiento de la industria. Como nuevo inversionista, la mejor decisión que puedes tomar es seguir los pasos de aquellos que han pisado el camino antes. Y las estrategias de inversión de Warren Buffet son una para el folclore.

Buffet tiene unos principios muy básicos que sigue. Y esa es quizás una de sus cualidades más fuertes - que no importa cómo esté el mercado, seguirá sus principios para obtener mayores rendimientos a largo plazo. Él cree que la gente solo debe invertir en compañías que muestren "fundamentos vendidos y potencial de crecimiento continuo".

En el fondo, el concepto es bastante básico, pero lo que es difícil es su aplicación en el mundo real. Pero si puede tomar 10,000 dólares y convertirlo en un valor neto de más de 86,000 millones de dólares, entonces hay pocas dudas de que sus estrategias funcionan. También ha logrado crear un valor de más de 400 mil millones de dólares para sus accionistas. Aquí está un vistazo a su cartera.

El 46.04% de sus carteras son de finanzas...

Estos incluyen las compañías de seguros y los bancos de los centros de dinero. Es dueño de participaciones en múltiples compañías, incluyendo Wells Fargo, Bank of America, JPMorgan Chase, US Bancorp, Moody's, Bank of NY Mellon, Goldman Sachs, Visa, Travelers, MasterCard, Synchrony Financial y Globe Life entre otras.

Más del 25% de su cartera está invertido en el sector de la tecnología de la información

Quizás llamarlo todo el sector es una exageración. Buffet solo invierte en Apple cuando se trata de tecnología. ¡Pero él invierte mucho! Por cada $ 4, más de $ 1 se invierte o se vincula con el gigante de la tecnología.

El 15% de sus inversiones están atadas a los productos de primera necesidad...

Estos han visto una caída en los últimos años. La inversión de Berkshire Hathaway en este sector ha bajado de más del 45% a alrededor de una década atrás, a solo el 15% en la actualidad. Actualmente, posee acciones en Kraft Heinz, Coca-Cola, Procter & Gamble, Costco, y Mondalez International. Coca-Cola ocupa el 10% de esta cartera de consumo, donde el 5% restante se divide entre otras compañías.

El 4,71% se invierte en transportes

Siguiendo su mantra de diversificar verdaderamente la cartera, menos del 5% se invierte en transporte, principalmente en aerolíneas. Buffet entró en este sector a mediados de la última década, en 2016, y se especula que sus inversiones en este sector probablemente aumentarán en un futuro próximo. Estas inversiones incluyen a Delta Airlines, American Airlines Group, Unite Airlines Group y UPS.

Su decisión de invertir en aerolíneas en concreto se ha encontrado con mucha confusión y debate porque entre todas sus otras inversiones, ésta parece ser un poco más arriesgada. Las aerolíneas tienen un historial de no poder sobrevivir a las recesiones económicas, pero una vez más, uno puede reflexionar sobre sus decisiones de inversión, pero uno sabe mejor que cuestionarlas. Un razonamiento podría ser la caída de los precios del petróleo crudo, que ha hecho que las aerolíneas sean bastante rentables en los últimos años.

Y otros

El menos del 10% restante se ha invertido en una variedad de sectores, que incluyen comunicaciones, bienes raíces, materiales, atención médica, consumo discrecional y energía. Las compañías incluyen VeriSign, Charter Communications, Phillips 66, Occidental Petroleum y Johnson & Johnson, entre muchas otras.

La cartera de crecimiento de inversiones de dividendos de Warren Buffet.

Retransmisión telegráfica de precios (Ticker)	Nombre	Sector	Industria	Rendimiento de los dividendos	Seguridad de los dividendos
AAL	American Airlines Group	Industriales	Aerolíneas	1.49	33

AXP	American Express Company	Finanzas	Finanzas de consumo	1.3	80
AAPL	Apple	Tecnología de la información	Hardware de tecnología, almacenamiento y periféricos	0.97	99
BAC	Bank of America Corporation	Finanzas	Bancos diversificados	2.17	89
BK	Bank of New York Mellon Corporation	Finanzas	Administración de activos y bancos de custodia	2.76	73
KO	Coca-Cola Company	Productos de primera necesidad	Refrescos	2.81	80
COSTES	Costco Wholesale Corporation	Productos de primera necesidad	Hipermercados y Súper Centros	0.84	99
DAL	Delta Air Lines	Industriales	Aerolíneas	2.8	61
GM	General Motors Company	Consumidor Discrecional	Los fabricantes de automóviles	4.52	61
GL	Globe Life	Finanzas	Seguro de vida y de salud	0.66	92
GS	Goldman Sachs Group	Finanzas	Banca de Inversiones y manejo de tesorería	2.06	91
JNJ	Johnson & Johnson	Atención médica	Farmacéuticos	2.54	99
JPM	JPMorgan Chase & Co.	Finanzas	Bancos diversificados	2.68	79
KHC	Kraft Heinz Company	Productos de primera necesidad	Alimentos y carnes envasados	5.31	29
MA	Mastercard Incorporated	Tecnología de la información	Procesamiento de datos y servicios subcontratados	0.5	99
MDLZ	Mondelez International	Productos de primera	Alimentos y carnes envasados	2.08	66

		necesidad			
MCO	Moody's Corporation	Finanzas	Intercambios y datos financieros	0.77	83
MTB	M&T Bank Corporation	Finanzas	Bancos regionales	2.58	99
OXY	Occidental Petroleum Corporation	Energía	Petróleo y Gas Integrados	7.67	50
PSX	Phillips 66	Energía	Refinamiento y comercialización de petróleo y gas	3.72	65
PNC	PNC Financial Services Group	Finanzas	Bancos regionales	3.07	82
PG	Procter & Gamble Company	Productos de primera necesidad	Productos para el hogar	2.37	99
QSR	Restaurant Brands International	Consumidor Discrecional	Restaurantes	3.19	62
SIRI	Sirius XM Holdings	Comunicaciones	Cable y Satélite	0.75	61
LUV	Southwest Airlines Co.	Industriales	Aerolíneas	1.25	99
STOR	STORE Capital Corporation	Bienes raíces	REIT diversificados	3.59	61
SU	Suncor Energy	Energía	Petróleo y Gas Integrados	4.02	71
SYF	Synchrony Financial	Finanzas	Finanzas de consumo	2.7	53

CONCLUSIÓN

Los tiempos difíciles y el panorama empresarial en constante cambio están alentando a muchas personas a buscar diversas opciones generadoras de ingresos. Los jubilados se enfrentan a menudo a diversas opciones para elegir con el fin de invertir sus ahorros, maximizar las recompensas y minimizar los riesgos asociados a sus inversiones. Con las diversas opciones de inversión disponibles en el mercado, la estrategia de inversión de dividendos parece ser una opción de inversión más segura y estable

Las inversiones de dividendos pueden ayudar a las personas a prepararse para la jubilación, crear una riqueza exponencial y tomar decisiones financieras más inteligentes para ellos y sus familias. Sin embargo, todo esto requiere una investigación profunda y más que una simple inversión monetaria. Este libro solo puede ofrecer una guía, pero su implementación depende de usted.

Es bastante fácil obtener información y estudiar a los inversionistas exitosos, pero la aplicación es la parte difícil. Si bien el conocimiento sobre el tema puede influir en la toma de decisiones, puede ser difícil tomar las decisiones correctas en el momento en que su dinero está en juego..

Una buena idea sería crear un sistema y atenerse al sistema, sin importar lo simple o complejo que parezca. ¿Significa que debería llevar pesos de caballos o inversiones muertos? ¡Por supuesto no! ¡Simplemente significa que no tome decisiones impulsivas, sino que espere a que los mercados se estabilicen y ofrezcan los rendimientos que prometió!

También debe mantener sus objetivos a la vanguardia. Sus inversiones requieren un camino, un destino para crecer orgánicamente en la dirección correcta. Espero que este libro le haya ayudado a encontrar el camino a seguir con sus inversiones. ¡Mucha suerte!

www.ingramcontent.com/pod-product-compliance
Lightning Source LLC
Chambersburg PA
CBHW071606210326
41597CB00019B/3430